浅田浩志

英語通なら これだけは 知っておきたい 72の表現

朝日出版社

音声ファイルのダウンロード方法

本書のご購入者は、下記URLから申請していただければ、音声を無料でダウンロードすることができます。本書の「ネイティブの英語」と例文の音声をすべて聴くことができます。

　ポータブルオーディオプレーヤーやスマートフォンに音声を入れておけば、外出先でも本書の英語の音声を聴くことができ、リスニング力アップにも役立ちます。ぜひご活用ください。

申請サイト（ブラウザの検索窓ではなく、URL入力窓に入力してください）

http://www.asahipress.com/eng/native72/

【注意】本書初版第1刷の刊行日（2016年10月11日）より1年を経過した後は、告知なしに上記申請サイトを削除したり音声ダウンロードの無料配布をとりやめたりする場合があります。あらかじめご了承ください。

はじめに

面白いもので、印象に残った一言というのは、何年も前のことでも結構覚えているものです。3つほど私自身の例を紹介しましょう。

- ヘッドハンターとランチをしたときのことでした。特別私にぴったり合う求人案件があったわけではないものの、今後何か別の話も出てくるかもしれないし、私の現状（仕事に満足か、転職を考えているのか、等々）を知る意味で、お互いのつながりを深めておこうという意図が彼にはあったのでしょう。ヘッドハンターはある意味お見合いを設定する仕事ですから、企業だけでなく、市場価値のある個人とのつながりを深めることは大切です。ランチの後、別れ際に彼はこう言いました。

Let's touch base with each other.

「今後もお互いに連絡を取っていきましょう」

いつ連絡する、具体的にどうやってといった内容は含まれていませんが、お互いに何となく連絡し合おうという意味で言ったわけです。

- 営業会議での話。自社の提供するサービスの料金体系が変わり（事実上の値上げがあり）、顧客からの反応は厳しいものがありました。ただ、既に多額の使用料を払っている大口の得意先は当然交渉には有利で、一定期間ではあったにしても、特別に以前の契約条件を維持することができました。なぜ一部企業だけ新しい料金体系が適用されていないのかというある営業の質問に対して、そのうちの1つの企業の担当がこう言いました。

They are grandfathered.

「あそこは古い付き合いなので、特別に今までの条件を継続しています」

一般に顧客に対しては統一した契約書を使いたいものですが、交渉力のある大口の顧客は条件や文言の一部変更を求めてくるものです。

● もう25年以上も前のことですが、某日系企業のニューヨーク支社で働いていたとき、同僚のジェフが米国の大手投資銀行からオファーをもらい、辞めることを知りました。日頃から仕事や日本人の上司に対する不満を言い、辞めたがっていたのでうなずけました。そんな話を同僚たち（日本人は私だけ）としているときに、もう一人の同僚が彼にこう言ったのです。

Don't burn your bridges.

「まあいろいろと言いたいことはあるかもしれないけれど、お世話になりましたと円満退社しておけよ」

ジェフもかなりうっぷんがたまっていて、辞めるとなったら別れ際に何か一言言ってやろうぐらいの勢いがありました。そういう意味ではこれは、良いアドバイスだと思いました。

上に紹介した3つの例で使われた表現（touch base with、grandfather、burn one's bridges）はいずれも本書の中で詳しく説明している「ネイティブの英語」の例です。ここで言う「ネイティブの英語」とは「英語を母語とする人（英語のネイティブ）が日常、比較的頻繁に使う英語表現で、英語を母語としない英語学習者にとっては、知らないと意味が理解できない（あるいはしにくい）もの」のことです。別の言い方をすれば、違和感を与えずにネイティブと自然に意思疎通するためには使いこなせるべき表現のことで、英語の力を伸ばすには避けて通れないものです。

ちなみにこれは外国人が日本語を学ぶ場合も同じです。例えば、日本人が何気なく使う「気が遠くなる」「手を焼く」「頭をひねる」「気が重い」「肩身が狭い」などという表現は、言ってみれば皆「ネイティブの日本語」です。日本語を母語とする私たちには決して難しくありませんが、文字通りの意味ではありませんし、日本語を学ぶ外国人にとっては結構難しいものです。また別の言い方を

しようとすると、何と言っていいのかつい考え込んでしまいがちですし、仮に別の言い方ができたとしても、説明調で長くなり、微妙なニュアンスなどが消えてしまうこともあります。つまりこういった言い回しを知らないと、日本人と普通の自然な会話ができないのです。この事実を認識できれば、なぜ英語学習者が「ネイティブの英語」を身につけるべきかが理解できるでしょう。

　さて、本書の目的は大きく分けて2つあります。1つ目は読者に「ネイティブの英語」を身につけることの重要性を理解してもらうことです。これに関しては、「はじめに」と5つの「コラム」の中で詳しく説明してあります。2つ目は72の課題を通じて、「ネイティブの英語」(類似・関連表現を合わせて総数約150)を味わってもらうことです。課題ごとに見開き2ページを割いてあり、総数約400の例文を使って表現を理解し覚える形になっています。また、音声無料ダウンロードを使って、ネイティブの読む見出し表現や関連例文を聴き、声に出して練習することにより、正しい発音、イントネーションなどを身につけることができます。ちなみに72の課題は、月刊英語学習誌『CNN ENGLISH EXPRESS』(朝日出版社)で2007年5月号から続く、創刊以来最長連載である「この日本語、ネイティブなら何と言う?」の記事から選んでまとめたものです。

なぜ「ネイティブの英語」なのか: 私の経験

早いもので、日本でのサラリーマン生活に別れを告げ、ジョージタウン大学の経営大学院(MBAプログラム)へ入学するために渡米してから30年が経とうとしています。正直2年間の大学院生活は決して楽ではありませんでした。今でも覚えているのですが、グループ・ディスカッションの際に自分も発言して貢献しようと思うものの、どうも米国人とのデリバリーの差を感じました。他のメンバーが私の発言を最後まで聴かずに発言をするということもありました。

　ちなみに私の当時の英語力ですが、日本でのサラリーマン時代は「浅田は英語がペラペラだ」というのが社内での評価でした。実際私は、日本人の中では英語が話せる方でしたが、自分としては力不足を認識しており、まだまだもっと努力をしなければと思っていました。私は英語ができるとの評価は単に当時の私の英語力を見抜ける人が周りにほとんどいなかったからでしょう。一通りのことを英語で話せても、当時の私はビジネススクールでネイティブと互角に

戦うのに十分なだけの英語力はなかったのです。そして私は、その実力の差は「ネイティブの英語」と「日本人の英語」の差だということは気づいていました。

ネイティブ同士が相手の話を聴いているときには、無意識にですが、相手の話しぶり、使っている言葉や表現から、話がどういう方向に向かっているかある程度予測しながら聴いています。これは英語でも日本語でも同じです。それは相手がお互い聞き慣れた言い回しをしている(ネイティブの表現を使っている)ので、次にどのような展開になりそうかある程度察しがつくからです。ちなみに英語学習者にはリスニングで苦労している人が少なくありませんが、これも「ネイティブの英語」に慣れていないために話の展開が読めないことが大きな原因の1つです。当たり前のことですが、自分が知らない表現や使えない言い回しは、聴いたときにすぐに理解することは難しいのです。

また逆に、日本人が「ネイティブの英語」でない「日本人の英語」を使って話をすると、聞き手のネイティブは聞き慣れていないので、普段は無意識にしている予測ができなくなってしまいます。そうすると、いつもより、さらに集中して聴かなければならなくなります。たどたどしい日本語を話す外国人の話を聴くときに、何を言いたいのか余計に注意を払って耳を傾けなければならない経験をした人はいるでしょう。それと同じです。

観光か何かで日本を訪れている外国人に対してであれば、「日本語お上手ですね」などとお世辞を言う余裕があるかもしれませんが、真剣に議論したり意見交換をしたりする場合や、のんびりと話す余裕のない場では問題になります。ですから、ビジネススクールのグループ・ディスカッションで、最後まで辛抱強く聴かずに、途中で私の話を遮った人がいたわけです。確かにその行為自体無礼でしたが、やはりちゃんと理解してもらいたかったら、聞き手の負担になるようなことはできるだけ避けるべきなのです。

コミュニケーションの成否は聞き手がどう受け取るかで決まります。キャッチボールにたとえれば、相手が取りやすいように真っ直ぐ正面に投げてやるのと同じです。それを前後左右走り回らないと取れないような球を投げていたら、相手は球を落としたり、疲れて次からはつきあってくれなくなるでしょう。聞き手にわかりやすいように話すという「気配り」が話し手には求められるのです。

なぜ「ネイティブの英語」なのか：言語学・英語学者の見解

先日、YouTubeでビデオを物色していたら、たまたま1989年放映の『NHKテレビ英語会話Ⅱ』で、講師の東後勝明氏（早稲田大学名誉教授、14年間NHKラジオ「英語会話」講師〔1972～85〕。ちなみに私の妻は東後先生の大ファンだったそうです）が、ゲストのSir Randolph (Sirの称号を受ける前は本名はRandolph Quirk。英国の著名な言語・英語学者・現在Baron［男爵］・上院議員）にインタビューをしている貴重な映像を見つけました。その中で東後氏が、日本人は英語を学ぶ上で、どういった英語（どの国で話される英語）を目指すべきか、また、英語は英語圏以外でも話されるので、例えば日本人英語でもいいという考えもあるがどう思うかという趣旨の質問を投げかけました。

　Sir Randolphは3つの重要なポイントを指摘しました。それは、①地域によっていろいろな英語 (local varieties) があるが、基本となるのは米国英語か英国英語の2つしかない。しかも米国英語と英国英語の差は極めて小さく、どちらを学ぶべきかなどとこだわるべきものではない。②日本人（英語学習者）は、絶対にnative variety（ネイティブの英語）を目指すべきだ。例えばドイツはそうやって成功してきている。ドイツと日本は先進国で、しかも勤勉な国民であることを考えると共通点も多いし、perfectionistである日本人にならできるはずだ。あえて「ネイティブの英語」でない英語 (local varieties) を目標にするのは間違いである。③日本と米国の緊密さを考えれば、また世界で米国英語を話す人の数が英国英語の4倍であることを考えると、米国人の話す英語を目指すのが自然だろう。

　さらにSir Randolphは、②の「『ネイティブの英語』を目指すべき」という点に関して、日本人はさまざまな西洋の文化を吸収し、本場を超える能力がある点を指摘しました。例として、自分は世界的に認められた指揮者の小澤征爾のファンだと前置きしてから、小澤は西洋のやり方でやって指揮者として突出した点、本当の実力があった点を指摘しました。日本風のアレンジをして成功したわけではないのです。英語学習に関しても同様で、日本人の中だけで認められるもの、日本流のものを目標にすべきではない。本物の、つまり「ネイティブの英語」を目指せと重ねて述べていました。

「ネイティブの英語」は自分にはまだ早い？

「ネイティブの英語」を身につけることの重要性を説くと、よく「そういうことは自分にはまだ早い。もっと実力がついてから学びます」という人がいます。この考え方には2つの問題点があります。

1つは、「ネイティブの英語」は決して上級者の英語ではないということです。繰り返しになりますが、日本人が何気なく使う「ネイティブの日本語」（例として「気が遠くなる」「手を焼く」などを挙げました）と対比すればわかるでしょう。「ネイティブの日本語」は比較的頻繁に使われ、難しくはありませんが、意味を知らないと会話についていけません。日本人と普通に話すためには、日本語学習者のレベルにかかわらず、何らかの努力をして、そういった表現に親しむ必要があります。それと同様に「ネイティブの英語」も、英語力のレベルにかかわらず普段から意識して覚え、表現力を伸ばす努力をすべきなのです。

2つ目の問題は、英語の実力がついてから「ネイティブの英語」を学ぼうと考える人は、まず間違いなくいつまでもその域に到達できずに終わってしまうということです。それは、そもそも「ネイティブの英語」を習得する努力をしないと、いつまでたっても英語の実力は伸びないからです。例えばスポーツや習い事を考えてみましょう。初心者、上級者と、いろいろなレベルの人はいても、基本的にやる練習、目標とすることは同じです。私は剣道をしていましたが、竹刀の持ち方、素振りの仕方、基本動作などは、初心者でも上級者でも同じです。あなたは初心者だからこういうふうにまずやって、実力がついてから別のやり方をするなどということはないのです。これはどんな学習、習い事にも共通していることです。同様に「ネイティブの英語」も実力のレベルにかかわらず、日頃から蓄積していくべきなのです。

ネイティブの英語を話しても、英語を母語としない人たちには理解されないのでは？

これに対する答えは前出の Sir Randolph の発言に戻ればわかるでしょう。何かを習得するためには目標が必要です。そして目標は類似のものや中途半端なもの、偽物ではだめなのです。要するに本物の英語を目標にするのを諦めることは、どうせ的を狙っても当たらないから、最初から的を狙わないという考え

方と同じです。そういう態度では英語は絶対上達しません。
　私はさまざまな国の出身の人たちの英語を聴いてきましたが、少なくとも教育、ビジネス、政治、経済等々にかかわる人たちのほとんどが、米英の英語、つまり「ネイティブの英語」を使っているのです。もちろんネイティブのように話せるようになるには、相当の努力と時間が必要です。しかし、ネイティブのように話せないからといって、絶望すべきではありません。大切なのは、「ネイティブの英語」を目指す努力を続け、それに近づけることなのです。

Invisible Teacher Syndrome (ITS)「見えざる教師症候群」

私の造語ですが、実は日本の多くの社会人がITSを患っていて、しかも自覚症状のない人が多いのです。これは、あたかも目に見えない教師が肩越しに、自分の話す・書く英語を観察しているような気持ちで自らにプレッシャーを与え、その教師が期待しているような答え方をしようとすることで、原因の根源は大学受験やそれに至るまでの学校の英語教育にあります。この症状には、以下のようなものがあり、治療の第一歩はまずそれらを自覚することから始まります。

a)「文法的に正しい」限り通じるはずだと考える
b)「直訳」を好み、「意訳」を避ける
c) 完ぺきな言い回しを考えつこうとして、それができないと言葉を失い、口ごもってしまう

本書ではa)に関して以下に触れ、b)とc)に関しては後出のコラムの中で詳しく話します。

「文法的には正しい」は正しくない

どうも日本人の中には、文法的に正しく話せば通じるはずだ、つまり「日本人の英語」でも問題ないはずだと思っている人が多くいます。確かに文法的に正しく話す、書くということは大切ですが、ただ文法的に正しければ通じるかと言うと、必ずしもそうではありません。
　「文法的には正しい」の本当の意味は「正しい」のではなく、要するに「しか

し言葉としては不自然」「そういう言い方は実際はしない」ということです。「文法的に正しくさえあれば点数をもらえる」という考え方を認めていると、実際には使えない英語を押し通すことに疑問を持たなくなってしまうのです。これは明らかに日本の学校教育の弊害です。

　これは先生方の英語の実力とも関係してきます。文法的に正しくさえあればいいということであれば、「ネイティブの英語」を知らない、使えない先生でも、教員向けのアンチョコを使って授業ができるわけです。

さて皆さん、「ネイティブの英語」を身につける大切さをご理解いただけたでしょうか。前置きはこの辺にして、早速本文の課題を通じて、「ネイティブの英語」を味わい、身につけていただければ幸いです。

　この本の出版にあたり、月刊英語学習誌『CNN ENGLISH EXPRESS』の連載の担当である朝日出版社の竹内佑介氏には大変お世話になりました。細かいことにこだわる私の良き理解者です。柏木政隆編集長、書籍出版編集長の山本雄三氏のご理解、後押しがあったことも強調しておきたいと思います。また、2007年に連載の話を持ってきてくださった当時の担当の伊藤典子氏（現在トムソン・ロイター・マーケッツ株式会社）には、私のアプローチを信じてくださり、一緒に現在の記事のひな型を作ったという意味で、今でも本当に感謝の気持ちでいっぱいです。この本は皆さんの理解とチームワークがあったからできたものです。ありがとうございました。

　　　2016年初秋、米国ニューヨーク市郊外、コネティカット州ウエストポートの自宅にて
　　　　　　　　　　　　　　　　　　　　　　　　　　　　　　　　浅田浩志

CONTENTS

はじめに ……………………………………………………………………… 003

Part 1 　行動・実行・プラン ……………………………………… 015

(責任を持って)任務を遂行する・求められるだけの能力を持っている …… 016
計画を実際に行動に移す ………………………………………………… 018
(誰かに)指揮・コントロールを任せる ………………………………… 020
何かをやるべきなのに何もしない ……………………………………… 022
無断欠勤(欠席)して ……………………………………………………… 024
ぐずぐずして、すぐに行動に移さない ………………………………… 026
ダメ元で大胆な行動に出ること ………………………………………… 028
便乗して恩恵を受ける …………………………………………………… 030
一時中断するが、いつでも再開できるようにしておく ……………… 032
「今温めているプランを教えてください」……………………………… 034
それが実際に起こったら、その時点で対応する ……………………… 036
相手を裏切る・犠牲にする ……………………………………………… 038
投げやりな態度で人間関係を断つ ……………………………………… 040

【コラム】「直訳」は「誤訳」:「意訳」せよ(その1) ……………………… 042

Part 2 　意思疎通 ……………………………………………………… 043

口先だけで行動が伴わない ……………………………………………… 044
順序立てて丁寧に説明してあげる ……………………………………… 046
お互いに現状を同様に把握している …………………………………… 048

連絡し合う・情報を交換する ……………………………………… 050
「これですべて済みましたか?」「もう行ってもいいですか?」…… 052
言わんとするところはわかる ……………………………………… 054
「あれ、何の話をしていたんでしたっけ?」………………………… 056
「そうこなくっちゃ!」……………………………………………… 058
情報の輪の中に入っている ………………………………………… 060
何も情報を知らされていない ……………………………………… 062
「人のことは言えないだろ」………………………………………… 064
詳細には触れず、大ざっぱに語る ………………………………… 066
あれこれと弁明して責任を逃れる ………………………………… 068

【コラム】「直訳」は「誤訳」:「意訳」せよ(その2) ………………… 070

Part 3 努力・無駄な努力 …………………………………… 071

やりすぎで逆効果 …………………………………………………… 072
やるべきことはすべてやっておく ………………………………… 074
自分で生計を立てながら何かを成し遂げる ……………………… 076
見逃しがないようにやれることはすべてやる …………………… 078
くまなく探す・丹念に調べる ……………………………………… 080
(目標達成のために)やれることはすべてやる …………………… 082
(人のために)無理をする・多大な努力をする …………………… 084
限界に挑む …………………………………………………………… 086
意味のないことをやって時間を無駄にする ……………………… 088
既存の方法があるのに、わざわざ新しい方法を考え出そうとする … 090
ある発言・行為が複雑で厄介な問題を引き起こす ……………… 092
ついうっかり見逃す・抜けてしまう ……………………………… 094

【コラム】日本的な発想で英訳することの限界 ……………………………… 096

Part 4 議論・説得・交渉 …………………………………………… 097

おおよその金額・数量 ……………………………………………………… 098
細かい金額にこだわる・ケチケチする …………………………………… 100
態度・発言をひるがえす …………………………………………………… 102
面倒くさいことを後回しにする …………………………………………… 104
(非常識な)低い金額を提示する …………………………………………… 106
「それに関しては話したくないから、やめて」 ………………………… 108
形勢が逆転する ……………………………………………………………… 110
手加減せずに対応する ……………………………………………………… 112
決定・判断を最終的に左右する重大な要素・要因 ……………………… 114
議題として上がっている・交渉の余地がある …………………………… 116
相手を説得して何かをさせる ……………………………………………… 118
「私はそれは経験済みですから」 ………………………………………… 120

【コラム】最初から100％伝えられなくても諦めない ……………………… 122

Part 5 思考・発想・判断 …………………………………………… 123

ボーっとしていて・うわの空で …………………………………………… 124
〜に関する見解は？ ………………………………………………………… 126
特定できない・思い出せない ……………………………………………… 128
「私たちはそんなことはしません(信じていません)」 ………………… 130
まだ時期尚早なのに発言する・行動する ………………………………… 132

「私の知る限りでは、(答えは)ノーです」	134
(正確ではないかもしれないが)記憶だけに頼って言うと	136
(考え方・意見・行動などが)ある方向に傾いている	138
勝手を知っている	140
考えすぎる・深読みしすぎる	142
楽観視する一方、成り行きを注意して見ている	144
他人事とは思えない・明日はわが身	146
【コラム】浴びるように英語を聴く？	148

Part 6 その他 …… 149

世渡りがうまい	150
貧乏くじを引く	152
「ばたばたしていました」	154
ウキウキ気分は終わり、厳しい現実を見つめる時が来た	156
これまでの関係を考慮し、特別に今まで通りの待遇(扱い)を許す	158
まだ本決まりでない・変更の余地はある	160
それは立場上・仕事上つきものだ	162
良好・順調・健康	164
災いなどの前触れ・前兆	166
最後の最後まで接戦で	168

おわりに	170
表現リスト	171

Part **1**

行動・実行・プラン

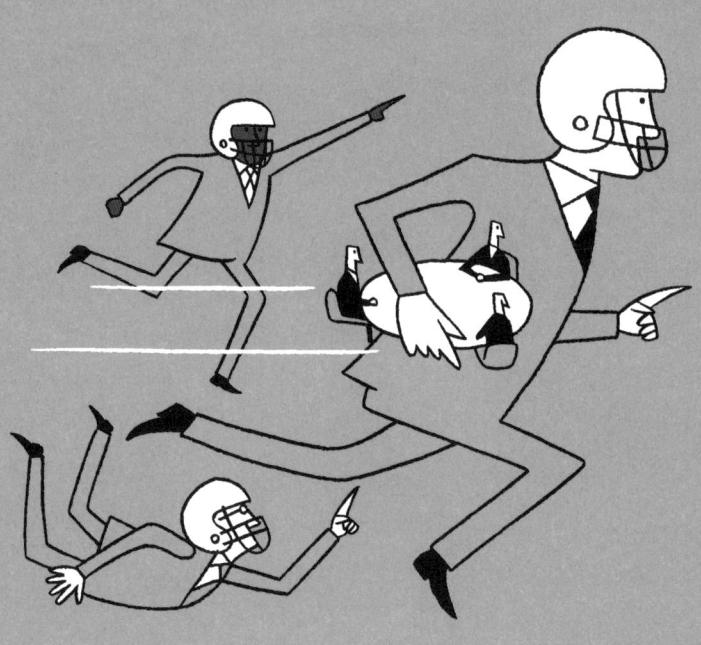

🔊 01

課題：

彼女には率先してその仕事をこなすだけの力がある。

日本人の英語
She is capable of assuming the leading role and getting the job done.

👍 ネイティブの英語
She can carry the ball.

carry the ball とは「メインの人物として何かをする」「その場を仕切る」「責任を持って任務を遂行する」「求められる能力を持っている」といった意味で使われます。語源は、フットボールやラグビーでボールを持って走っているプレーヤー、つまりゲームを引っ張っている人を想像すればピンとくるでしょう。ビジネスなどでよく使われますが、もちろんスポーツでは文字通りの意味でも使われます。

当然ですが、この表現が使われる場合は、少なくとも会話をしている者同士は具体的に何の責任・仕事・能力の話をしているのか会話の流れから既にわかっているわけです。

He can't carry the ball.
「彼には（そのプロジェクト・任務・仕事などは）荷が重過ぎる」

Anyone here can carry the ball.
「ここにいる人なら誰でも任せられますから」

Who's carrying the ball?
「(それは・これは)誰が責任を持ってやっているんですか」

Why don't you carry the ball for us?
「君、われわれのためにこの仕事の責任者を引き受けてくれないか」

ballの話が出たついでに、同様に球技からきている**drop the ball**も確認しておきましょう。「ドジを踏む」「不注意(くだらないミスなど)で、達成しようとしていたことを台無しにする」という意味で使われます。

He dropped the ball.
「彼がしくじったんです」

Who dropped the ball?
「誰がドジを踏んだんだ?」

また、類似表現の**The ball is in one's court.**(〜が行動を起こす〔意思表示をする〕番だ)も覚えておきましょう。テニスやバレーボールで、誰が打ち返す番かと考えれば理解できるでしょう。

We submitted our proposal, so now the ball is in their court.
「提案書は出したので、後は相手の出方を待つだけです」

The ball is in our court.
「次はこちらが意思表示をする(アクションを起こす)番です」

> 表現
>
> ## carry the ball
> 「メインの人物として何かをする」「その場を仕切る」「責任を持って任務を遂行する」「求められる能力を持っている」

🔊 02

課題：

それでは、(そのプロジェクト/プロセスを)さっそく始めましょう。

日本人の英語
Let's start the process now.

👍 ネイティブの英語
Let's get the ball rolling.

get the ball rollingとは文字通りには「ボールを転がし始める」ということですが、「プロジェクトや何かのプロセスを始める」という意味で使われます。状況としては、ビジネスの会議で、ある新しいプロジェクトの案が出て、皆で合意してそれを始めることになったとします。そんなときに、「とにかくできることからどんどんやっていく」「まずは計画を行動に移す」という意味で使われます。

That sounds like a plan. Let's get the ball rolling.
「それでいきましょう。となったら、とにかくやれることから始めましょう」

(That) sounds like a plan. とは決まった言い方で「いい考えだ」、あるいは状況によっては「やりましょう」といった意味になります。

I am hoping that the meeting with the client will get the ball rolling.
「顧客とのミーティングをきっかけに、話が実際に進展することを期待しています」

ちなみに **get going** も同様の意味で使われます。

Let's get going.
「それでは始めましょう」

They want to get going on the project.
「彼らはそのプロジェクトをすぐにでも始めたいと思っている」

また、**get the show on the road** も同様の意味で使われます。これは演劇などの show business が地方巡業に出ることからきています。

Let's get the show on the road.
「早速始めよう」

さて、getの代わりにkeepを使って、**keep the ball rolling** と言えば、「すでに進行しているプランやプロジェクトを、その調子でそのまま続ける」「今までの活動のレベルや意気込みを維持しながら続ける」という意味になります。

I want you to keep the ball rolling.
「(その件は)君に任せるから、その調子で続けてくれ」

After she left, he took over the project and kept the ball rolling.
「彼女が辞めてからは、彼がそのプロジェクトを引き継ぎ進めていた」

表現

get the ball rolling
「とにかくできることからどんどんやっていく」
「まずは計画を行動に移す」

課題：

私は口出しをしないことにして、他の人たちにプロジェクトを進めてもらうことにした。

日本人の英語
I decided not to say anything and asked other people to proceed with the project.

👍 ネイティブの英語
I decided to take a back seat and let other people work on the project.

take a back seatは直訳すると「後部座席の1つに座る」ということですが、「自分では運転しない」ということから転じて「誰か他の人のやり方・考え方・希望などを尊重して、それに従う」「（誰かに）指揮・コントロールを任せる」「二番手の立場に甘んじる」という意味になります。冠詞のaがつくことに注意。後部座席は1つだけではないことを考えれば理解できるでしょう。**backseat**と一語にする用例もあります。また、toをつけて具体的に「誰に」任せる（従う）のかをはっきりさせることもできます。

I decided to take a back seat to Bob and let him run the meeting.
「ミーティングの進行はボブに任せることにしました」

I take a backseat to nobody in favoring user convenience.
「お客様の利便を第一にするという点に関しては、私は誰にも一歩も譲りません」

類似表現の **play second fiddle** も覚えておきましょう。fiddleとはバイオリンのことで、直訳すると「(一番目立つ第一バイオリンではなく)第二バイオリンを弾く」ということで、転じて「(自分は主役やリーダーではなく)誰かの下の立場にいる」という意味になります。

He resented always playing second fiddle to his older brother.
「彼は何事も兄の方がいつも優先されて、自分は二の次にされていることに強い不満を抱いていた」

2005年7月23日の *New York Daily News* に "Fiddler Hits the Roof" という記事がありました。次の文はその記事の出だしのところです。

A male violinist is refusing to play second fiddle to his female counterparts, charging the New York Philharmonic fired him because he is a man.

New York Philharmonicを辞めさせられたある男性バイオリニストが、雇用差別の訴訟を起こした話でした。彼は自分が男性だから首になったとし、同楽団では女性のバイオリニストがえこひいきされていると訴えました。このタイトル「バイオリン弾き激怒する」は明らかに、有名なミュージカルで映画でもある "Fiddler on the Roof" 『屋根の上のバイオリン弾き』とかけたものでした(hit the roofは「激怒する」という意味)。**play second fiddle** には、「第二バイオリンを弾く」と「誰かの下の立場にいる」の2つの意味があるのです。

表現

take a back seat

「誰か他の人のやり方・考え方・希望などを尊重して、それに従う」「(誰かに)指揮・コントロールを任せる」「二番手の立場に甘んじる」

🔊 04

課題：

彼は（やろうと思えば何かやれることがあったのに）何もしないで放っておいた。

> **日本人の英語**
> He could have taken some action, but he didn't do anything.

👍 ネイティブの英語
He just sat on his hands.

sit on one's hands（handsと複数である点に注意）とは、ここでは「何も行動を起こさない」「何かをやるべきなのに何もしない」「（誰かが助けが必要なときに）助けない」「参加しない」という意味です。

また、この表現は「（聴衆の一人として）拍手をしない（しそこなう）」という意味でも使われ、実はそれが語源のようです。私がこの表現を聞いていつも想像するのは、両手をももの下に置いて座っている様子です。いざというときに手がすぐに出てこない状況ですし、態度からしてどちらかと言うと消極的で、あまり相手の話や行動に注意を払っているという感じではありません。もちろん人によって解釈が違うかもしれませんが。

She just sat on her hands when we needed her help.
「彼女は肝心なときに助けてくれなかった」

また、主語は必ずしも人でなくても使えます。

> The Bank of Japan is likely to sit on its hands for now.
> 「日銀の介入は当面ないでしょう」

次の例はあるテレビのニュース番組で使われた表現です。米国最高裁が2007年に、それまで排気ガス規制に消極的だったブッシュ政権に対して、米国政府はもっと積極的に自動車から排出される二酸化炭素量の規制に乗り出すべきだという歴史的な判断をしたときのことです。

> They are no longer allowed to sit on their hands.
> 「これで、もはやブッシュ政権は黙って何もしないことは許されない」

ついでにsitを使った類似表現も確認しておきましょう。

> "Don't just sit around. Get moving."
> 「ボーっとしていないで、さっさとやることをやりなさい」

sit aroundとは「何もしない」「特に目的もなく座っている」という意味です。

> "My knee hurts, so I'll sit out this game."
> 「ひざが痛いので、この試合は休むことにする」

sit out.../sit...outとは「（〔何かに〕参加しようと思えばできるのに、今回は）参加しない」という意味です。

表現

sit on one's hands
「何も行動を起こさない」「何かをやるべきなのに何もしない」「（誰かが助けが必要なときに）助けない」「参加しない」

🔊) 05

課題：

彼は無断欠勤した。

日本人の英語
He didn't come to work although he didn't have permission to be absent.

👍 ネイティブの英語
He was AWOL.

AWOL は absent without leave のことで、「無断欠勤して」という意味の形容詞、また「無断欠勤者」という意味の名詞として使われます。もともとは軍隊用語で、「就くべき任務や持ち場に出向かないで無断で休む」という意味の言葉が、一般の人たち（civilians）の間でも使われるようになったものです。発音はアルファベットのAにwallをつなげたのと同じです。Aにアクセントがあります。

The soldier was AWOL.
「その兵士は無断で欠勤した」

The soldier went AWOL after he received an order to join a combat group.
「戦闘部隊に加わるよう命令されたものの、その兵士は無断で任務に就かなかった」

このように **go AWOL** という使い方もあります。
　次の例は、キャロライン・ケネディが2008年に米国上院議員選に出馬するとい

う噂が出たときの記事です。彼女は民主党員でありながら、過去の大切な選挙で投票していなかったと報道されました。今まであまり政治にかかわってこなかった彼女に、どれだけ政治家としての力量があるのかと騒がれていました。

[Caroline Kennedy] was also AWOL for the primary and general elections in 1994, when Sen. Daniel Moynihan was running for reelection...[New York Daily News 2/19/2008]
「実はキャロライン・ケネディは、ダニエル・モイニハン上院議員が再選に出馬した1994年の予備選挙でも本選挙でも投票していなかった」

ちなみに、上の例文が出ていた記事の見出しがこれです。

"MIA on Election Days"
「選挙当日行方不明」

MIAとはmissing in actionという、やはり軍隊用語で「戦闘中に行方不明になった兵士」のことを言います。つまり、殺されたか、けがをしたか、捕虜になったか、逃亡したのかわからない状態のことです。この表現も職場などで誰かがどこにいるのかわからないときなどに冗談半分で使えます。

ついでに**DOA**(dead on arrival)「到着時に既に死亡」も覚えておきましょう。荷物が送られてきて、中身が壊れていたときなどに使えます。

This PC was DOA.
「このPCは届いたときに既に壊れていた」

MIAも**DOA**もアルファベットを個別に発音します。

表現
AWOL
「無断欠勤(欠席)して」

🔊 06

課題:

経営陣は、人員削減による事業の縮小と合理化を進めずにぐずぐずしている。

日本人の英語
The company's management is reluctant to make its business operation smaller and more efficient by reducing the number of employees.

👍 ネイティブの英語
The company is dragging its feet on downsizing.

drag one's feet とは文字通りには「(足が不自由か、疲労・やる気のなさなどの理由で)足を引きずるようにゆっくり歩く」ということですが、「〈人や組織が〉ある行動をとることが期待されているにもかかわらず、気が進まないので、あるいはやりたくないので、わざと時間をかける」「ぐずぐずして、すぐに行動に移さない」という意味で使われます。ちなみに downsize とは、解雇をして事業を縮小、合理化することです。

次の例は、米国最高裁が全米50州全州で、ゲイのカップルは結婚する権利があるという判決を出した直後に、一部南部の州で司法長官や裁判官らが待ったをかけたという記事の見出し。drag their feet の their を省略しています。

"La., Miss. officials drag feet on issuing same-sex licenses" [USA TODAY 6/26/15]
「ルイジアナ州およびミシシッピ州関係者、同性カップルへの婚姻許可証発行渋る」

今まで同性カップルの結婚を認めていなかったルイジアナ州とミシシッピ州も、この最高裁の判決で認めざるをえないはずなのですが、ここまできてもいろいろと理由をつけて婚姻許可証の発行を遅らせているという話です。

次の2つの例は、民主党の大統領最有力候補ヒラリー・クリントンに関してで、国務長官時代の公務の電子メールの扱いや、リビア・ベンガジでの米領事館襲撃事件にかかわる調査の進行状況の話。

"Team Clinton will 'drag their feet' on emails, predicts Republican" [The Hill 03/06/15]
「クリントン陣営は電子メール問題を先延ばしにするだろう、と共和党予測」

"Release of Benghazi Report on Hillary Clinton Likely Pushed to Election Season"
Republican lawmakers blame Democratic foot-dragging for pushing the investigation into next year. [Bloomberg 4/22/15]
「ヒラリー・クリントンに関するベンガジ・レポートの公開は、大統領選挙が本格化する頃になる見込み；共和党議員からは、民主党が調査を来年（2016年）まで引き延ばそうと時間稼ぎをしていると非難の声」

表現

drag one's feet
「気が進まないので、あるいはやりたくないので、わざと時間をかける」
「ぐずぐずして、すぐに行動に移さない」

🔊 07

課題:

あの時点でもう勝てる可能性はほとんどないと思いましたが、最後の頼みとして、神にすがる思いでダメ元でやりました。

日本人の英語
It was a desperate attempt to win at the last minute. There was very little chance of success.

👍 ネイティブの英語
It was a Hail Mary (pass).

Hail Maryとは、カトリック信者が聖母マリアへ祈りをささげる、祈願するときの言葉ですが、アメリカン・フットボールで**Hail Mary (pass)**と言うと、ゲーム終了間際の土壇場で、エンド・ゾーンに向け、駄目でもともとと、長いパスを投げて逆転を狙うことを言います。

次は"Arizona State upsets No. 16 USC with 46-yard **Hail Mary** as time expires"(アリゾナ州立大が46ヤードのヘイル・メアリーで16位の南カリフォルニア大を破る番狂わせの土壇場逆転勝利)という見出しの記事。

Bercovici capped his 510-yard, five-touchdown passing performance with his third scoring pass to Strong, who slipped in front of USC's Hayes Pullard at the goal line and pulled in the Hail Mary throw. [AP 9/21/2014]

「クォーターバックのバーコビッチは、この日パスで通算510ヤードをかせぎ、5つのタッチダウンにつなげた。その中でストロングに投げたパスが3つ得点に結びついたが、最後のパスはゴール・ラインぎりぎりでストロングが南カリフォルニア大のヘイズ・プラードをうまくかわし、見事にヘイル・メアリー・スローを受け止めたのだった」

次は、ソニーのPS4に売り上げ台数で大きく差をつけられているマイクロソフトが、第4四半期に捨て鉢のXbox安売り作戦に出たという記事の見出しで、値段を下げてPS4の勢いを抑えようとしてもダメだという話。

Microsoft's 4th Quarter Hail Mary For The Xbox One [Forbes 10/28/2014]

さて、次は "Nokia, Motorola Try to Front-Run Apple's iPhone 5: 'It's **a Hail Mary**,' Analyst Says"（ノキア、モトローラ、アップルiPhone5よりも先に製品発表：勝ち目なし、とアナリスト）という見出しの記事の一部。

"I think it's a big mistake," White says of the strategy of trying to front-run the iPhone. For a lot of these companies it's a Hail Mary [pass]." [Yahoo 9/5/2012]

「戦略的には大きな間違いだと思います」ホワイト氏は、iPhoneが出る前に他社が自分たちのスマートフォンを発表しようとすることに関してこう言った。「アップルに戦いを挑もうとしているメーカーが、こういうタイミングでそんなことをするのは無謀です」

表現
a Hail Mary (pass)
「勝ち目の薄い最後の土壇場で、最後の望みと、なりふり構わずダメ元で大胆な行動に出ること」

🔊 08

課題：

子会社は、市場拡大のために、自ら販売網を一から築き上げる代わりに、親会社の販売網を利用してうまくやった。

日本人の英語
To reach a wider market, the subsidiary took advantage of its parent's existing distribution channels instead of building its own from nothing.

👍 ネイティブの英語
The subsidiary piggybacked on its parent's distribution channels to reach a wider market.

piggybackは名詞で「おんぶ」、形容詞で「おんぶされた(した)」、副詞で「おんぶして(で)」、動詞で「おんぶして運ぶ」といった意味ですが、しばしば**piggyback on**という形をとって、「〈他の人・組織が〉すでに築いたもの(成功したもの)を利用してうまくやる」「恩恵を受ける」「便乗する」といった意味で使われます。自分で歩かずに、人におんぶしてもらうということから、自分の力だけではなく、他人の力を借りると解釈すれば、覚えやすいかもしれません。

I was just piggybacking on his idea of using social media

to launch our new product.
「いや、新製品の売り出しにソーシャルメディアを使うという彼のアイデアを借りて、あれこれと考えていたんだ」

The local hotels and restaurants piggybacked on the success of last week's film festival to capture a brief economic windfall during the week-long event.
「周辺のホテルやレストランは、先週の映画祭で多くの人出があったおかげで、1週間という短期間でしたが、商売繁盛となりました」

ちなみに、**piggyback**は「他の人の無線LANに無断で接続してインターネットにアクセスする」という意味でも使われます。

Some Internet users piggyback on others' networks.
「他人のネットワークを無断で使い、インターネットにアクセスする人がいる」

Is it illegal to piggyback Wi-Fi off your neighbor?
「近所のWi-Fiを無断で拝借するのは違法になるのだろうか」

最後に、本来の「おんぶする」という言い方をいくつか確認しておきましょう。いずれも「父親は娘をおんぶした」という意味です。

He carried his daughter piggyback.（副詞）
She rode piggyback on her father.（副詞）
He gave his daughter a piggyback (ride).（名詞・形容詞）

表現

piggyback on
「〈他の人・組織が〉すでに築いたもの（成功したもの）を利用してうまくやる」「恩恵を受ける」「便乗する」

🔊 09

課題:

とりあえずその件は今のところは保留にしておいて、後でタイミングを見て改めて着手しよう。

日本人の英語
Let's put it on hold for now and then revisit it later when it is more appropriate to do so.

👍 ネイティブの英語
Let's put it on the back burner.

on the back burnerとは「プライオリティーの下がった状態で(に)」「一時的に考慮や計画から外された状況で(に)」という意味です。アメリカで使われるstove(コンロ)には通常複数のburner(バーナー、火口)がありますが、一般にfront burner(手前の方にあるもの)が大きく、本格的に料理をするときに使われ、back burner(後ろの方にあるもの)は小さめで、冷めないように温めておくときによく使われます。つまり**put something on the back burner**と言うと、「(ある事を)ある程度進めてきたけれど、今一時的にそれを中断して(しかし止めるわけではなく)、将来のある時点で再開できるようにしておく」という意味になります。次のように、対象となるものを主語にして受動態でも使います。

The project has been put on the back burner.
「プロジェクトは延期になった」

put以外の動詞も使えます。

> I have a good project on the back burner right now.
> 「今おもしろいプロジェクトを温めています」

また、**back-burner**として動詞で使うこともできます。

> Let's back-burner that one.
> 「それは後回しにしよう」

put something on iceと言っても基本的に同じ意味になります。「(生ものを)氷の上に載せて長持ちさせる、保存しておく」と考えれば理解しやすいでしょう。「(料理したものを)温めておく」のと対照的でおもしろいですね。

> Let's put that proposal on ice until we get enough funds to implement it.
> 「その提案は、実行できるだけの資金ができてからすることにしよう」

ちなみに、**put something on the front burner**と言うと「今まで中断しておいたものを再開する」という逆の意味になります。後ろから前のバーナーに出してきて、本格的に料理する」と考えればいいでしょう。backを入れて「再開」を強調することもできます。

> Why don't we put it back on the front burner?
> 「その件を本格的に再開したらどうかな？」

表現

put something on the back burner
「(ある事を)ある程度進めてきたけれど、一時的にそれを中断して(しかし止めるわけではなく)、将来のある時点で再開できるようにしておく」

🔊 10

課題:

今温めていることで、近い将来実現が期待できるものを教えてください。

> **日本人の英語**
> Tell me about the things that you are working on and expect to come to fruition in the near future.

👍 ネイティブの英語
What do you have in the pipeline?

What have you got in the pipeline?と言っても同じ意味です。例えば会社の社長が営業部長を呼び、将来売り上げにつながっていくような具体的な案件がどれだけあるのか尋ねる、というようなときに使える表現です。pipelineとは、「天然資源などを運ぶもの」という意味から転じて、ここでは「開発・準備・製造などの過程(途中)」のことを言います。従って、**in the pipeline**で「まだ最終地点に到達してはいないが、そこに至る過程にある」ことを意味します。パイプラインの中を物が目的地まで流れていくことを想像すれば理解できるでしょう。

　特にビジネスでは、目先のことだけ考えているわけにはいきません。常に先を見て、種まきの営業活動をしていないと、あるときビジネスが途切れてしまいます。つまり、普段からpipelineにどれだけ新しいビジネスのネタがあるかで、将来の売り上げの伸びが決まってくるわけです。

What's in the pipeline for next month, Hiroshi?
「浅田君、来月はどんな案件があるのかな?」

The next generation of netbooks is already in the pipeline.
「次世代のネットブックはもう既に開発が進んでいる」

A further price increase is in the pipeline.
「さらに値上げが予定されている」

営業だけに限らず、サービス業一般、製造業、研究開発、投資、教育、政治など、さまざまな場面で「現在温めている」「開発中」「近い将来に実現が期待されている」という意味で使える便利な表現です。

I have several projects in the pipeline.
「いくつかプロジェクトを計画(実行)しています」

この場合、二通りの解釈が考えられます。今は構想の段階だが間もなく始まるという場合と、既に進行中という場合です。このあたりの細かいニュアンスは、話をしている本人同士はどちらの意味かわかっているわけです。

I have some projects in the works.
「いくつかのプロジェクトを今抱えています」

in the worksも「準備中」「開発途中」という意味で、**in the pipeline**とほぼ同じ意味で使われますが、こちらは構想の段階はとっくに過ぎて、本格的に取り組んでいる、というニュアンスがあります。

表現

What do you have in the pipeline?
「今まで温めてきていることで、近い将来実現が期待できるものを教えてください」

🔊 11

課題：

本当にそれが起こるかどうかはわからないのだから、今心配してもしょうがないよ。実際に事が起こったら、そのとき対応しよう。

日本人の英語
We shouldn't worry about it right now, since we don't know if or when it will happen. Let's deal with it when it actually does happen.

👍 ネイティブの英語
Let's cross that bridge when we come to it.

cross that bridge when one comes to it とは、直訳すると「その橋に差し掛かった時点で渡る」ということですが、よく使われる慣用表現で、「それは起こるかどうかまだわからないので、今の時点ではどう対処しようかなどと考えずに、実際に起こったら対応するようにする」という意味です。

あらかじめ起こりうることを想定して、それに対する対処法を考えておくことは時には大切です。risk management という概念もその1つでしょう。例えば保険は、起こるかどうかわからないことにお金を払って、万が一に備えるものです。実際に事が起こった時点でどうするか考えるのでは手遅れになります。

しかし、逆に事が実際に起こったときに対処する方が良い場合もあります。例え

ば、あまりにも未知な要素が多く、状況も流動的で、現時点で対処法を決めるのが難しい、あるいは、あまり意味がない場合。ほかに考えなければならないことがあり、プライオリティーとしてはまずそれに時間を費やすべきで、起こるかどうかわからないことへの対応に時間を費やす余裕がない、あるいはそうすべきでない場合。単にあらかじめ考えておくのが面倒な場合、などが考えられます。

アメリカの政治ニュースサイトPOLITICOの記事の小見出しに"Obama: Let's **cross that bridge when we get to it**"というのがありました。これはいわゆるObamacare（正式にはThe Patient Protection and Affordable Care Act）、つまり医療保険制度改革のための法律が合憲か違憲かが連邦最高裁（the Supreme Court of the United States）で審議されていたときの話です。comeの代わりにgetを使っています。

"...the president conceded that if SCOTUS rules against him, 'we'll have to manage that when that happens.'"
[6/16/2011]
「オバマ大統領は、もし最高裁がオバマケアを違憲とする判決を出したとしたらどうするかという問いかけに対し、『もしそうなったら、その時点で対処することになる』と言った」

SCOTUSは連邦最高裁の略称。ちなみに、POTUSはthe President of the United Statesのことです。

I'll cross that bridge when I come to it.
「そうなったらそうなったで、そのときに考えるよ」

表現
cross that bridge when one comes to it
「それは起こるかどうかまだわからないので、今の時点ではどう対処しようかなどと考えずに、実際に起こったら対応するようにする」

🔊 12

課題:

彼は私を裏切った（自分かわいさから私を犠牲にした）

日本人の英語
He betrayed me by treating me as a scapegoat.

👍 ネイティブの英語
He threw me under the bus.

throw someone under the bus は、「自分の都合で（保身のために）、本来自分の仲間（味方）である誰かをおとしいれる」「裏切る」「自分の失敗を相手になすりつける」「今までお互いに協力的（友好的）だった人に対して、ひどい行為をする（関係を絶つ）」といった意味で使われます。**betray** と言うとかなり深刻で、その行為は決して許されない、また人間関係は元には戻らないという可能性が高いですが、**throw someone under the bus** は、皮肉やいやみ程度としても使われ、betrayよりも意味に幅があるので、いろいろな場面に応用できます。

　直訳すると「誰かをバスの下に投げる」となりますが、語源には諸説あります。バスの下に人を投げると解釈をすれば、殺意があるともとれ、かなり深刻ですが、「（長距離）バスの車体下部の荷物入れに投げ込む」という説もあります。いずれにせよ「ひどい扱いをする」という意味で捉えておけばよいでしょう。

She threw me under the bus and told him that it was my fault.
「彼女は私を裏切って、それは私のせいだと彼に言った」

Every time he gets in trouble, he throws someone else under the bus.
「彼は自分に都合の悪いことが起こると、いつも誰かのせいにして責任逃れをする」

次の例は New York Daily News (5/18/2010) の記事の一部。2008年、当時上院議員だったオバマの通っていた教会の牧師が、9.11は米国の日頃の行いが悪いから当然起こったことだなど、過去に数々の問題発言をしていたことが広まり、大騒ぎとなりました。その後オバマは牧師の発言を強く批判し関係を絶ちますが、2010年になってその牧師がまたもや公の場で問題発言をしました。

Rev. Jeremiah Wright claims President Obama "threw me under the bus."
「ライト牧師は、自分はオバマ大統領に『悪者にされた』と言っている」

次の例は、イスラエルとパレスチナの和平交渉再開に先立って、オバマ大統領がパレスチナ寄りの発言をしたことに対する批判。米国はそれまで常にイスラエル寄りだったので、その発言は米国内外で物議をかもしました。

Former Massachusetts Gov. Mitt Romney said Obama "threw Israel under the bus." [AP 5/20/2011]
「(共和党大統領候補)ロムニー元マサチューセッツ州知事は、オバマ大統領は『イスラエルを裏切った』と言った」

表現

throw someone under the bus
「自分の都合で、本来自分の仲間(味方)である誰かをおとしいれる(犠牲にする)」「裏切る」「自分の失敗を相手になすりつける」

🔊 13

課題：

もうどうせ会わないだろうと思って、別れ際に相手の気分を害すようなことをしないように。どこでまためぐり合うかわからないのだから、失礼のないように別れておくことです。

日本人の英語

You shouldn't act unpleasantly just because you're leaving and may not see them anymore. You never know who you'll meet again. Be polite and leave quietly.

👍 ネイティブの英語
Don't burn your bridges.

burn one's bridgesは、**burn one's bridges behind one**とも言い、文字通りには「（自分の渡った後に）橋（複数形である点に注意）を燃やす」ということですが、一般に「自分がかかわった人と別れたり、組織から離脱する際に、二度と修復できないような不快感を残して関係を断つ」という意味でよく使われます。例えば、もうこの人とは付き合う必要はないから、別れ際に腹いせで、今までたまっていたものをぶつける、というようなケースです。つまり、自分で意図的に、人間関係を破壊してしまうわけです。

従って、**Don't burn your bridges.**は「まあ、いろいろあったとは思うけれど、ここのところは円満に収めておいた方がいいですよ」といった感じです。

渡った後に橋を燃やすということは、もう逆方向には戻らないという決意を表します。つまり、後で何か事情が変わって、橋を渡って戻ろうと思っても、戻れない状態に自分をもっていくということです。もともとは、軍隊が、自分たちが渡った橋

を燃やして、後続の敵が追ってこれないようにしたところからきているようですが、後戻りしない覚悟がないとできないことです。

さて、実際には**Don't burn your bridges.**は、転職が決まって、これでやっと、とんでもない上司、安月給、最悪な職場環境におさらばできるという解放感に包まれて、つい今までたまっていたものをぶつけたいと感じている人に向かってよく使われます。読者にも経験のある方がいるかもしれませんが、世の中、回りまわってどこかで昔関係のあった人と顔を合わせないとも限りません。ここはぐっと抑えて、ニコニコと「どうもお世話になりました」と言って去るのが得策というもの。

また逆に、何らかの事情で過去に自分が解雇された場合でも、就職面接などで昔の職場の悪口を言うと、あまりよい印象を与えないものです。特に米国のように転職も激しく、また企業の吸収・合併・買収が盛んなところでは、辞めて移った先の会社が、その後自分が辞めた会社に買収されるということもありえます。私もそういうケースを何度も見てきました。以前一緒に働いていた人が、また別の職場で一緒に働くことになるということはいくらでもあるのです。また、何かの事情で、昔の雇い主に何か頼み事をしなければならないことも出てくるかもしれません。

> Don't quit school. You'd be burning your bridges behind you if you did.
>
> 「学校をやめないように。もしそんなことしたら、将来を台無しにすることになるから」

このように「将来やり直せない決断をする」という意味でも使われます。

表現

burn one's bridges

「自分がかかわった人と別れたり、組織から離脱する際に、二度と修復できないような不快感を残して関係を断つ」

041

Column —— 1

「直訳」は「誤訳」:「意訳」せよ(その1)

「これは直訳です」というのは、「完全に訳せていません。ちょっと変ですが、文法に則して個々の英単語を訳しているのでマルにしてください」という言い訳です。要するに訳しきれていない、つまり本当の意味を理解していないことを認めているのです。問題は、直訳をすると何となく訳した気分になり、真意を追求しようとせずにそこで思考が止まってしまうことです。具体例を挙げて考えてみましょう。**The customer gave her a hard time.** を日本語に訳してみてください。

「その客は彼女につらい時を与えた」: 日本語では「つらい時を与える」などという言い方はしないので、これは誤訳です。誤訳とまで言うのはちょっと厳しすぎるのでは、と思う人もいるかもしれませんが、ネイティブ(この場合日本人)が使わないような言い方は、正しくないときっぱり割り切るべきです。意味をよく考え、そしゃくした後に、できるだけぴったりくる訳を考えるクセをつけましょう。具体的な状況設定はあえてしていないので、適当に想像を膨らませて自由に訳してみましょう。

「その客は彼女につらく当たった」:「つらく当たる」というネイティブの日本語使用。客が意地悪だったのかもしれません。

「その客は彼女を手こずらせた」:「手こずらせる」というネイティブの日本語使用。

「彼女はその客に手こずった」: 英文の主語がthe customerだからといって、日本語訳でも「その客」を主語にして始めなければならない理由はありません。

「彼女はその客に手を焼いた」:「手を焼く」というネイティブの日本語使用。

「彼女にとって、その客は手ごわかった」:「手ごわい」というネイティブの日本語使用。

このように、個々の単語の意味にとらわれずに全体の内容をつかんで、それをどう言えば一番いいかを考えるクセをつけると、思考が柔軟になり、コミュニケーション力が大きく伸びるのです。これは英語を和訳、日本語を英訳、どちらにしても同じことです。直訳は誤訳です。ITS(p.9参照)から解放され、自由な思考で意訳を心がけるようにしましょう。

Part 2

意思疎通

🔊 14

課題：

いろいろと口で言うのは簡単だけど、実際に自分でそれが実行できなければ話にならないよ。

日本人の英語
Talk is cheap. You should practice what you preach.

👍 **ネイティブの英語**
If you're going to talk the talk, you've got to walk the walk.

『課題』は要するに「有言不実行」では駄目だという意味です。「日本人の英語」の解答は見事ですが、使い古された表現という感じもします。ここではビジネス、政治などの会話でよく使われる**talk the talk**と**walk the walk**の使い方を覚えましょう。

　talk the talkは「立派なことを言う」「何かをすべき（こうあるべき）だと語る」といった意味ですが、「行動には移していない」「行動は伴っていない」というニュアンスがあります。それに対してwalk the walkは「やるべきことを実際に行動に移す」「口先だけでなく、やると言ったことをやる」という意味です。例えば、『課題』は次のように言うこともできるでしょう。

If you can't walk the walk, you shouldn't talk the talk.

Walk the walk if you talk the talk.

このように **talk the talk** と **walk the walk** はしばしばペアで使われますが、片方だけを使っても、状況から意図するポイントは伝わるものです。例えば、上の例文は次のようにも言えます。

You have to walk the walk.

ほかの例も挙げておきましょう。

She talks the talk, but can she walk the walk?
「彼女は立派なことを言っているけれども、実際に行動に移せる力があるのだろうか」

さて、混乱させるつもりはありませんが、**walk the talk** という表現を使う人もいるので覚えておきましょう。「言ったことはしっかりと実行に移す」という意味で、要するに **walk the walk** と同意ですが、何かの拍子に **walk the walk** と **talk the talk** が融合し、表現として市民権を得たようです。

You have to walk the talk.
「口先だけではなく、実際にアクションを起こさないとね」

表現

talk the talk
「立派なことを言う」「何かをすべき（こうあるべき）だと語る」（行動は伴っていない）」

walk the walk (walk the talk)
「やるべきことを実際に行動に移す」「口先だけでなく、やると言ったことをやる」

045

🔊 15

課題：

手順に関しましては、私どもの方から一つ一つ順を追って詳しく説明いたします。

> **日本人の英語**
> We will explain the procedure to you in detail on a step-by-step basis.

👍 ネイティブの英語
We will **walk** you **through** the procedure.

walk someone **through**とは「(人に)最初から最後まで丁寧に一つ一つ〜の手順を説明する」「〜が完了するまで最後まで(相手を)導く」という意味で、相手がわかりやすいように順序立てて教えるというニュアンスのある表現です。簡単な単語の組み合わせですが、応用の利く便利な表現です。研修やプレゼンテーションなどでも使える言い回しです。

> Walk us through your plan for 2012.
> 「2012年の君の計画を詳しく説明してくれませんか」

主語には「人」がくることもあれば、「何かを説明するもの」(例えばソフトウエア、説明書、ビデオなど)がくる場合もあります。

> The user manual walks you through the process.
> 「ユーザーマニュアルには、そのプロセスについて最初から最後まで順を追って説明してあります」

文字通りの「(誰か)を案内して何か(ドア・通路・建物など)を通過する」という意味でも使われます。

> I walked her through the hallway into the living room.
> 「彼女を廊下からリビングルームまで案内した」

ちなみに、**a walk-through**のように名詞として使うこともできます。

> We'll give you a quick walk-through of how to play the game.
> 「ゲームのやり方を順を追って簡単に説明しましょう」

また、**walk**の代わりに、**guide**あるいは**step**を使うこともできます。

> This CD guides you through the steps necessary to install the program.
> 「このCDはプログラムをインストールするために必要なステップを順を追って説明します」

> We will guide you through the process.
> 「最初から最後までプロセスを丁寧に説明いたします」

> The handout will step you through the rest of the process.
> 「お配りした資料の方に、残りのプロセスが順を追って説明してありますので、よろしくお願いします」

表現

walk someone through
「(相手にしっかりと理解してもらうために)最初から最後まで一つ一つ〜の手順を丁寧に説明する」

047

🔊 16

課題：

それでは皆さん、(次に進む前に確認しておきたいのですが、)ここまでのところはよろしいでしょうか。

日本人の英語
I want to confirm if everyone has been following what we have been discussing.

👍 ネイティブの英語
I'd like to make sure that everyone is on the same page.

be on the same page とは、直訳すると「同じページにいる（を見ている）」ですが、転じて「何が議題（問題）なのか（その経緯も含めて）しっかりと把握している」という意味になります。また、状況によっては「意見が一致している」「合意している」という意味にもなります。会議やプレゼンテーションなどでよく使われる言い回しです。参加者・関係者全員が現状とそれに至る経緯を同じように理解しているかどうか確認したいときに、議題の進行をしている人がよく使います。ビジネスや学校の授業など、さまざまな状況が考えられます。

> Well, we are on the same page now.
> 「これで全員に現状を理解してもらえたわけだ」

Are we on the same page?
「そういうことでいいですね」「その件に関しては合意しているという解釈でいいですか」

on the same page はbe動詞以外にも get、keep、put、bring などの動詞とも一緒に使われます。

Let's get everyone on the same page.
「(皆それぞれ理解がまちまちのようなので、)ここで足並みをそろえておこう」

また、ついでに「既知の事実(条件あるいは仮定)」という意味の **given** も覚えておきましょう。**given** は名詞で使われます。

It's a given.
「それに関しては、皆すでに理解しているということを前提としています」

息子の健が、小学校3年生のとき、宿題をする上での注意書きを学校からもらってきました。その中には句読点の使い方(punctuation)などの説明があり、それを見た娘のめぐみ(当時5年生)は私にこう言いました。"Daddy, do you know why 5th graders don't get that?" "Why?" "Because it's **a given**." 「お父さん、何で5年生はそういうインストラクションを受けないかわかる?」「なぜだろう?」「もうそういったことは当然知っている(もうすでに習っている)というのが前提だから」

表現

be on the same page
「何が議題(問題)なのか(その経緯も含めて)しっかりと把握している」「意見が一致している」「合意している」

🔊 17

課題:

これからもお互いに折を見て、ちょくちょく連絡を取り合っていきましょう。

日本人の英語
Let's communicate with each other from now on to exchange information.

👍 ネイティブの英語
Let's touch base with each other.

touch base withとは「誰かとコミュニケーションを行う関係をつくる(維持する)」ということで、状況によって「連絡する」「情報を交換する」「相談する」という意味になります。ただ一般にすぐに連絡を取るわけではなく、日時や具体的に何を話すのかということも必ずしもはっきりしているわけではありません。また、どちらかから必ず連絡をしなければならない、ということでもありません。そういう意味で、汎用性の高い便利な表現と言えるでしょう。もちろん以下のように使えば、自分から連絡するのは明らかですが、やはり日時や手段(電話・電子メール・手紙など)は不明です。

I'll try to touch base with you when I'm in California.
「カリフォルニア旅行の間に連絡を入れるようにするから」

以下は、「折を見て相談する」「何かの折に話してみる」という意味で使われる例です。

It's not a black-and-white issue. We should touch base with our attorney.
「その問題の解釈の仕方はいろいろありましてね。折を見て、弁護士と相談しておくべきだと思いますよ」

類似表現で **Keep in touch.**（それじゃ、また…）もよく使われますが、これは久しぶりに会った友人や知り合ったばかりの相手に対して、別れ際に軽く言う言葉です。
　また、**Keep me posted.** も覚えておきましょう。これも、別れ際や会合の直後によく使われる言い回しで、「（何かあったら）逐一教えてください」という意味です。例えば、友人の紹介で、ある会社に商談に行くことになったとしましょう。そこで、その友人は「商談がどう進むか私も興味があるので、後で状況を教えてください」という意味でこう言うかもしれません。

Keep me posted.
「今後、（その件に関して）何か進展があったら、その都度情報をいただけますか」

また、具体的に何のことを指しているのかはっきりさせる必要がある場合は、aboutやonなどを使って以下のように言うこともできます。

Keep me posted about your new job.
「（面白そうだし、うまくいくといいね。）新しい仕事がどんな感じか、たまに教えてよ」

表現

touch base with
「誰かとコミュニケーションを行う関係をつくる（維持する）」「連絡する」「情報を交換する」「相談する」

🔊 18

課題：

《手続きを済ました後など》もう行こうと思うのですが、まだその前にやるべき（やり残した）ことはありますか。

日本人の英語
Is there anything else I should do before I leave?

👍 ネイティブの英語
Am I all set?

ここでのsetは形容詞で「準備ができている」「次の行動に移る体勢が整っている」という意味です。したがって直訳すると「私は準備万端ですか」とでもなりそうですが、「私がやるべきことは済みましたか、行（帰）ってもいいですか」という意味になります。これに対する返事は**You are all set.**で、逆にまだやり残したことがあれば、それなりの指示が返ってくるはずです。

　setを使った具体的な例を見てみましょう。例えば、病院で診察してもらった後に診察室から出て待合室に戻ってきたとします。必要な手続きは診察前に受付で済ませておいたので、そのまま帰っていいとは思うのですが、黙って帰るのもなんなので一応確認のために窓口をのぞいて一言尋ねたいと思ったとします。そんなときに使える表現です。**Am I all set to go?**（私はもう行〔帰〕っても構わないですか）のto goが省略されたものと考えるとわかりやすいかもしれません。自分だけではなく、誰かの付き添いできた場合は**Are we all set?**となります。

　もちろん病院に限らず、役所、銀行などで書類の手続き等を済ませた後に「こ

れで後はいいですか」と尋ねるときにも使えます。もう少しほかの例も見てみましょう。例えば、レストランで食事をして、コーヒーとデザートを済ませたとしましょう。そこでウエートレスがやってきて以下のような会話が起こるかもしれません。

> Waitress: Hi. Are you all set?
> Customer: Yes, we're all set. Can we have the check, please?
> Waitress: Sure. I'll be right back.
>
> ウエートレス：お食事はお済みですか。
> 客：ええ、済みました。お勘定してもらえますか。
> ウエートレス：かしこまりました。すぐに持ってきます。

何人かで食事をしていて、皆の食事が済んだと判断したときに「それじゃあそろそろ出ようか」という意味で **Are you all set?** あるいは **Are we all set?** と言うこともできます。主語をyouにすると「自分は準備ができているけれども、残りのあなた方は？」という若干突き放した感じにもとれますが、weにすると「われわれ仲間全体として」という連帯感が感じられます。

息子の健が4年生から5年生に進学する直前に、念願かなってお気に入りの先生のクラスに入れることがわかりました。それを喜んで、健は低学年のときの担任にそのことを伝えると、先生はこう言いました。

> "Great. So, you're all set then."
>
> 「へー、よかったわね。バッチリじゃないの。それじゃあとは5年生に進級して一生懸命勉強するだけね」

表現

Am I all set?

「これで私がやるべきことはすべて済みましたか」「もう行（帰）っても構いませんか」

🔊 19

課題：

彼のバックグラウンドや置かれている状況、立場を考えれば、なぜそんなことを言っているのか理解できる。

日本人の英語
Considering his background and the situation he is in, I understand what he said and why he said it.

👍 ネイティブの英語
I know where he's coming from.

where one is coming fromとは、直訳すると「その人がどこから来ているか」とでもなりそうですが、「(話し手の立場や事情、事の背景を踏まえた上で解釈した)話の内容」のことを意味します。つまり、簡単に言えば上のネイティブの英語訳は「彼がそんなことを言う事情はよくわかる」ということです。例えば、ビジネスの交渉の場で、相手が何か提案をしてきたときに、その提案の背景に何かがあると見抜いた場合、このように言うかもしれません。また、相手の考え方や信じていること、バックグラウンドなどに関して、「なるほど、彼がそう言うのはうなずける」という意味で言うこともあるでしょう。話の内容によっては、単に **what one is getting at**（言おうとしていること）と言い換えることもできるでしょう。

You know where I'm coming from.
「私がなぜそう言っているかわかるでしょ」

話し相手に対して何かを説明していて、最後に一言このように言うと、「私のこと（あるいは事の事情）を十分に知っているわけだし、ここまで説明すれば何を言いたいかわかるでしょ」という意味になります。

I don't know where she's coming from.
「彼女がなぜそんなことを言ったのかわからない」

これは否定文での用例です。このように言うと「彼女は訳のわからないことを言っていたが、なぜそんなことを言ったのか私には見当がつかない」ということになります。動詞はknow以外も使えます。

I have no idea where the guy's coming from.
「あの男が何でそんなことを言ったのか見当もつかない」

have no ideaで「見当もつかない」と、これもまた否定の意味です。

I understand where he's coming from.
「彼がそう言うのはうなずける」

このようにunderstandを使うこともできます。

表現
where one is coming from
「（話し手の立場やバックグラウンドを考慮した上で理解した）その人の言ったこと」「（その人の）言わんとするところ（考えていること）」

🔊 20

課題：

あれ、何の話をしていたんでしたっけ？ ちょっと忘れちゃいました。

日本人の英語
Well, I can't remember what I was talking about.

👍 ネイティブの英語
(Now,) where was I?

Where was I? は文字通りに「私はどこにいたのだろう？」という意味でも使われますが、ここでは「何の話をしていたのか、今思い出せない」「どこまで話したのか忘れてしまった」ということです。wasのところが強く発音されます。ちなみに、ここのNowは「今」ではなく、「さて、ちょっと待てよ」といった感じです。人前で話しているときに、例えば話が横道にそれてしまったり、話を遮られたりした後に、何の話をどこまでしたのか一瞬わからなくなってしまうことはよくあるもの。そんなときに独り言で言ったり、あるいは聞き手に問いかけることもあるでしょう。簡単な言葉の組み合わせですが、そういう場面で自然に口に出てくるでしょうか。

このようにwhereは「場所」「位置」といった物理的空間ではなく、考えや思考といった概念的な空間の意味で使われることがあります。

Now, where were we? Oh yes, we were talking about the budget.
「えーと、何の話をしていたんでしたっけ？ あっ、そうだ、予算の話でした」

I を we とすると、自分だけでなく皆で一緒に進行しているというニュアンスが出ます。

> **This is where we stand.**
> 「これがわれわれの現状です」「これが私たちの立場だ」

これはプロジェクトか何かをやっていて、どの辺りまで進んでいるのかを伝えるという場合も考えられますし、さまざまな見解がある中で自分たちの立場を示すときにも使われます。

> **Where do you stand on the issue?**
> 「その問題に関してどういう立場を取っていますか」

> **I don't know where you're going with this.**
> 「何が目的でそんなことを言っているのですか」
> 「そんなことを言って、何を達成しようというのかよくわかりません」

これは相手の議論がちんぷんかんぷんで納得できないときなどによく使われるフレーズです。話し手があっけにとられている感じが出ています。
　次の例はpp.54-55で取り上げましたが、今回の表現と関連するので再確認しておきましょう。

> **I know where you're coming from.**
> 「(あなたのバックグラウンドや置かれている立場を考えれば)あなたが言っていることは理解できるし、なぜそんなことを言っているのかわかります」

表現

(Now,) where was I?
「あれ、何の話をしていたんでしたっけ？」

🔊 21

課題:

そうこなくっちゃ！ その考え(態度・姿勢)の方がずっといいよ。

日本人の英語
You've finally had a good idea. That's much better than what you've been suggesting (or offering) so far.

👍 ネイティブの英語
Now you're talking!

Now you're talking! は直訳すると「さあ、あなたは話している」とでもなりそうですが、それでは意味がわかりません。これは決まった表現で、相手が今までの考えよりもより良いものを考えついたときなどに、「そうこなくっちゃ！」という感じで使う言葉です。つまり大抵の場合、それまでは相手が考えていた(選んだ)選択肢はあまりパッとしないもので、こちらとしてはあまり感心していない、不満だ、あるいは気乗りがしていなかったという前提があります。その上で、相手が新たに持ち出した発言を自分が気に入ったときに使います。

Mother: So you're not in the mood for pasta tonight? Well then, we could just order a pizza.
Son: Now you're talking!
母:それじゃあ今夜はパスタの気分じゃないのね。じゃあ、ピザを頼んでもいいけど。

息子：わーい、そうこなくっちゃ！

このように自分に都合の良い方向に話が展開したときなどによく使われます。ちなみに、米国の家庭では、人が尋ねて来て食べ物は何を出そうか迷ったときには、簡単にピザを頼んで済ませるところが多いです。子どもの友達が遊びに来たり、sleepover（泊まりがけで遊びに来ること）などのときは、好き嫌いの激しい子どもでも、大抵ピザなら大丈夫です。もっとも、あまり野菜などをのせると食べない子も出てくるので、cheeseだけかpepperoni程度が無難です。

> Daughter: I'm going to study really hard to get into one of those Ivy League schools.
> Father: Now you're talking!
> 娘：一生懸命勉強してアイビーリーグの大学に入りたいと思う。
> 父：そうか、それでこそ私の娘だ。頑張れよ！

このように、自分には直接利益がなくても、「その一言を聞きたかったんだ」という意味で使われることもあります。

> You've decided to compete in the triathlon? Now you're talking!
> 「例のトライアスロンに出場するんだって？　よくぞ言った。応援するから、頑張って」

状況により **Good for you!** とか **I'm glad to hear that.** などと言い換えることもできるでしょう。

表現
Now you're talking!
「そうこなくっちゃ！」「その一言待ってました！」「よくぞ言った！」「それでこそ君だ！」

🔊 22

課題:

進展情報の報告も含めて、私も意思決定のプロセスに入れておいてください。

日本人の英語
Please include me in the decision-making process by providing me with relevant information.

👍 ネイティブの英語
Keep me in the loop.

loopには「(ひもなどで作った)輪」という意味もありますが、**in the loop**は「ある情報を共有するグループの中に(いる)」という意味の決まった表現です。「友達の輪」という言い方に何となく似ていますね。従って**Keep me in the loop.**で「私も連絡系統の中に入れておいてください」「何か進展や変更などがあった場合には、私にも教えてください」といった意味になります。

　この表現は一般に自分の同僚や、立場上、同レベルの人に対して使われると言っていいでしょう。うっかり上司にこういった「指示」をすると、横柄なやつだと思われる可能性大です。また、そもそも部下は、いちいち言われなくても上司には逐一自分のやっていることを報告すべきですから、上司の方からわざわざこう言うのも変です。従って、組織内で、あまり力関係がない、あるいはあまり差のない人同士で使われる表現と言っていいでしょう。

I want to know how the meeting goes, so please keep me in the loop.
「ミーティングの結果がどうなるか興味があるので、後で状況を教えてください」

Thanks for the update. Keep me in the loop.
「状況報告ありがとう。今後の進展に関しても教えてください」

さて、類似表現も確認しておきましょう。

Keep me informed.
「情報を逐一教えてください」

この表現は、多少改まった要求という感じがします。もう少し気軽な感じにしたければ、次のように言ってもいいでしょう。

Keep me posted.
「よかったら、進捗状況を教えてよ」

よく使われる表現ですが、積極的に情報を欲しがっているというよりは、多少受動的な感じがします。また状況によって、次のように言ってもいいでしょう。

Let me know how it goes.
「どんなふうに進展するか教えてよ」

Make sure I'm included.
「ちゃんと私も含めておいてください」

表現

in the loop
「(ある)情報を共有するグループの中に(いる)」

課題：

会社はわれわれに（そのことに関しては）何も知らせていませんでした。

日本人の英語
The company didn't tell us what was happening.

👍 ネイティブの英語
The company kept us in the dark.

in the darkとは「何も知らされていない状況に」「情報を与えられていない境遇に」ということで、**keep someone in the dark**で「あることに関して意図的に（その人には）何も伝えない」という意味になります。直訳して「（その人を）暗闇にずっと置いておく」としても、「状況がわからないようにしておく」という意味は見当がつくでしょう。

私が90年代後半から2000年初めまでいた金融業界では、企業の買収などで大きな変化がありました。会社が売りに出ているとか、どこかの会社が買おうとしているといったうわさが出ると、皆不安になるのは当然です。そういう状況では、従業員は、会社がどのようなプランを進めようとしているか全く見当がつかないものです。最終的に会社の買収が決まったときに『課題』のような発言を耳にしました。

さて、一般に話の流れから、何のことに関して知らされていないのかは具体的に説明しなくても聞き手は理解できますが、次のようにaboutを使って明確にすることもできます。

The company kept us in the dark about the organizational change.
「会社は組織改編に関して、何も教えてくれていなかった」

次のように、行為を主語にして受動態で表現することもできます。

Most of his dealings were done in the dark.
「彼の取引のほとんどは秘密裏に行われていた」

類似表現として、次の言い回しも覚えておきましょう。

No one in the team wants to be left out of the decision-making process.
「チームメンバーの中で、意思決定から外されてもいいと思っている者は誰もいないですよ」

また、**out of the loop** という表現を使うこともできます。「(何かに関して)かかわりを持っていない」ということです。「loop (輪)の外側」と考えればピンとくるでしょう。反対は **in the loop** です。

We were out of the loop.
「私たちには何も知らされていなかった」

表現

in the dark
「何も知らされていない状況に」
「情報を与えられていない境遇に」

🔊 24

課題：

自分のことは棚に上げておいて、よく言うね、まったく。

日本人の英語
Do you realize that you're guilty of doing the same exact thing that you just accused me/him/her/them of doing?

👍 ネイティブの英語
Look who's talking!

直訳すれば、「誰が話しているのか見てごらん」とでもなりそうですが、これは相手が誰かの行為を非難・批判したときに、「自分も同じことをやっているのに、よくもそんなことを堂々と言えるものだ」という気持ちを伝える表現です。

A: She drinks too much.
B: Look who's talking!
A：彼女ちょっと飲みすぎだよ。
B：よく言うわね、まったく。自分はどうなのよ。

意味からもわかると思いますが、大抵の場合、家族や親しい仲間同士との間の会話で使われることが多いでしょう。皮肉っぽく、あるいは冗談半分で言うケースが多いので、特に親しくない相手や、真剣な議論をしているときなどに使うのは避けた方がよいでしょう。

A: You shouldn't dominate the discussion like that. Give others a chance to talk.
B: Look who's talking! You do that all the time.
A：ああいうふうに議論を独占するのは良くないよ。他の人の話も聞かなくちゃ。
B：よく言うわね。いつも議論を独占しているのは誰よ。

ことわざの **People who live in glass houses shouldn't throw stones.** も同様の意味があります。「ガラスの家に住んでいる人たちは石を投げるべきではない」、つまり石を投げられたら壊れてしまうような家に住んでいる人が、他の人に石を投げるべきではないということです。要するに、自分の弱点を省みずに他の人を非難・批判するのは慎むべきだという意味です。ただ、ことわざなので使い方によっては多少説教じみた感じが出てしまうかもしれません。

A: She's late for the meeting. It's so unprofessional.
B: Well, you came to work 30 minutes late this morning. People who live in glass houses shouldn't throw stones, you know.
A：彼女、会議の時間なのにまだ来てないよ。全くプロ意識がないね。
B：あなただって今朝30分遅れて出社してきたじゃない。人のことを言う前に、自分がやるべきことをやらなくちゃ。

表現
Look who's talking!
「君だって人のことは言えないだろう」「自分のことはさておき、他の人を非難するのはおかしいよ」

🔊 25

課題:

その政治家は昨今の経済問題に関して詳細には語らず、極めて大ざっぱで、曖昧で、漠然とした言い方をしていた。

日本人の英語
The politician was not talking about the current economic issues in detail but talking in very general, vague and broad terms.

👍 ネイティブの英語
The politician was painting the current economic issues with a broad brush.

paint with a broad brush とは、文字通りには「太い筆で塗る」ということですが、要するに「詳細には触れず、大ざっぱに語る」「(本来もっと複雑で多様なものを)単純化してものを言う」という意味です。

You cannot paint with a broad brush like that. You have to be more specific.
「そんなふうに十把ひとからげに扱うべきではない。もっと具体的に話すべきだ」

次の例は、オバマ大統領がホワイトハウスでの記者会見(7/19/2013)で述べたものの一部。2012年にフロリダ州で、17歳の黒人少年Trayvon Martinが、犯罪防止の地域監視を高めていた住宅街を通過中に、住民で監視グループのメンバーのGeorge Zimmermanと何らかの形でもみあいになり、Zimmermanの持っていた拳銃から発砲された弾が胸にあたり死亡しました。裁判でZimmermanは無罪となりましたが、その判決が出たとたん、さまざまなところでいろいろな議論が沸き上がりました。オバマ大統領も、判決に関しては言及しませんでしたが、自身が黒人であることから、自らの経験を含めて、黒人男性がどのように世間で扱われているかという話をしました。

> ...a lot of African American boys are painted with a broad brush...
> 「多くの黒人青年たちは、あたかも彼ら全員が危険な人間であるかのような目で世間から見られている」

次の例は、ヒラリー・クリントンが民主党の大統領候補者のディベートで述べた発言。

> "We are at war with violent extremism. We are at war with people who use their religion for purposes of power and oppression. And yes, we are at war with those people. But I don't want us to be painting with too broad a brush."
> [11/14/2015]
> 「われわれが戦っているのは、極めて危険な超過激派です。権力と抑圧を行使するために宗教（イスラム教）を利用している者たちで、まさにわれわれはそういう者たちを敵にしているのです。しかし、イスラム教徒はみな過激だと十把ひとからげにして扱うべきではありません」

表現

paint with a broad brush
「詳細には触れず、大ざっぱに語る」「（本来もっと複雑で多様なものを）単純化してものを言う」

🔊 26

課題：

彼は、先に失言をしてしまったことに関して、別に大した問題ではないとあれこれと理由をつけて、弁明しようとした。

日本人の英語
He tried to dismiss the significance of his earlier misstatement by inventing reasons why it is unimportant.

👍 ネイティブの英語
He tried to explain away his earlier misstatement.

explain awayとは「（何か過ちや間違いを犯した後に）いろいろと言い訳をして、それは大した問題ではないと相手に納得させる」「自分の犯した事の深刻さを弱めるために、あれこれと弁明して責任を逃れる」という意味。

You will find it hard to explain away all these mistakes.
「これらのミスをすべて弁明しようとするのは難しいでしょう」

次の例は、米国のある地方政治家が、有力なユダヤ系上院議員を「あのJew」と呼んで問題になった話。ユダヤ系の人が自分たちで使う分には問題ありませんが、

068

他の人が使うと軽蔑、差別的なニュアンスが出てしまいます。本人は「別に差別するつもりで言ったわけではない」と言い逃れをしました。

> Arkansas State Sen. Kim Hendren, a U.S. Senate hopeful, has been trying hard to explain away why he referred to New York Sen. Chuck Schumer as "that Jew" on campaign trail. ["GOPer's 'Jew' gibe," New York Daily News 5/15/09]
> 「アーカンソー州議会の上院議員で、米国上院選出を狙っているキム・ヘンドレン氏は、なぜ選挙遊説中にニューヨーク州選出の上院議員チャック・シューマー氏を『あのジュー』と呼んだのか、必死に弁明しようとし続けている」

2016年の大統領選で、共和党の代表候補の1人だったジェブ・ブッシュ氏。移民問題について話しているときにanchor babiesという言葉を使い、非難されました。米国に不法入国あるいは観光ビザで来て、子どもを産み、その子どもに市民権を獲得させ(米国で生まれた子どもは自動的に市民権を持つ)、その結果、自分たちも居住できるようにすることが問題になっていますが、anchor babyとは、そうやって生まれた子どものことを軽蔑する言葉です。

> "Jeb Tries to Explain Away 'Anchor Babies' Remark: 'Frankly, It's More Related to Asian People'" [http://www.slate.com 8/24/15]
> 「ブッシュ氏、『アンカー・ベイビー』発言の弁明:『正直言って、これはどちらかと言うとアジア系の人たちが引き起こしている問題です』」

元フロリダ州知事で、ヒスパニック系の支持地盤が大切なブッシュ氏はこう言ったのですが、今度はアジア系アメリカ人を刺激しました。

表現

explain away
「(何か過ちや間違いを犯した後に)いろいろと言い訳をして、それは大した問題ではないと相手に納得させる」「自分の犯した事の深刻さを弱めるために、あれこれと弁明して責任を逃れる」

Column —— 2

「直訳」は「誤訳」:「意訳」せよ（その2）

More and more people are drinking tea. を日本語に訳してください。More and more people are doing 〜. という言い方は頻繁に使われ、決して難しい表現ではありませんが、日本人で使いこなせる人はあまりいません。その理由の1つは、直訳しにくいことがあります。まず、主語の more and more people をどう訳すか。「もっともっとの人たち」ではちんぷんかんぷんです。

　これは要するに「最近は、お茶を飲む人の数が増えています」ということです。英文の意味を理解した上での「意訳」です。では少し分析してみましょう。この英文には、「最近は」「数」「増える」に当たる単語はありません。あくまでも自然な日本語になるように補足しました。more and more people are doing 〜で「〜する人たちが増えている」という意味です。現在進行形なので、「最近は」「近頃は」「現在は」という意味は含まれています。

　では逆に、日本語（上記下線部）から英語に訳すとしたら、どうなるでしょうか。恐らく、多くの人が次のような英訳をするでしょう。

Nowadays, the number of people who drink tea is increasing.

　この文の中には、しっかりと「最近は」＝nowadays、「数」＝number、「増えている」＝is increasing と、日本語の言葉に対応しています。また、主語が、日本文に忠実に the number of people who drink tea となっています。文法的にも問題はないですし、学校、塾、予備校の先生ならマルをくれるでしょう。逆に、もし最初の英文がうまい具合に頭に浮かんで、解答したらどうなるでしょう。先生方の中にはそういう言い回しを知らない人もいるでしょうから、バツになる可能性もあります。「最近は」「数」「増えている」に当たる言葉が訳されていないと言われるかもしれません。

　Nowadays, the number of people who drink tea is increasing. は主語の部分が長く、関係代名詞を使えないと出てきません。また increase という言葉も知っていなければなりません。しかし、More and more people are drinking tea. には難しい単語はありませんし、現在進行形さえ使えれば作文できます。しかも、この方が英語としてはより自然な言い回しなのです。

　大切なのは、学校教育や受験勉強で身につけてしまった英文和訳・和文英訳のクセを取り除くことです。ITS（p.9参照）を持っている人にとっては慣れないことですし、見えざる教師が「それは意訳し過ぎだ」と耳もとでささやくかもしれませんが、勇気を持って振り切ることです。

Part 3
努力・無駄な努力

🔊 27

課題：

もしわれわれ3人全員でそのミーティングに押しかけて行ったら、やりすぎかな？

日本人の英語
Do you think we may be viewed as overly enthusiastic if all three of us attended the meeting?

👍 ネイティブの英語

Do you think it'd be overkill if all three of us attended the meeting?

overkillとは「やりすぎ」「過剰」という意味の名詞です。要するに「必要以上のことをすること」、あるいは「目標としていた以上の行為をしてしまうこと」で、もともとは「(核兵器などで)計画していた以上の人を殺してしまう」「壊滅的な打撃を与えてしまう」という意味の動詞または名詞です。

Would it be overkill if I called them again?
「もう1回彼らに電話したら、しつこいと思われますかね」

Premium gas would be overkill and a waste of money for that car.
「あの車にハイオクガソリンを入れるのは無駄だね」

さて、スペースシャトルのアトランティスが2009年にハッブル宇宙望遠鏡の点検・修理の任務に向かった際に、機体に損傷を負い、帰還できない可能性がわずかながら出てきました。そこで不測の事態に備えてNASAはエンデバーを発射台に置き、4人の救援部隊を待機させ、いつでも出動できるようにしました。次の例文はそのときの話です。

> Scott Altman, Atlantis' commander, said it may seem like overkill, but having a rescue ship on the pad is the right thing to do. ["Rescue shuttle at launch pad for Hubble trip," AP 5/9/09]
> 「アトランティスのスコット・アルトマン船長は、これほどの準備はやりすぎに思えるかもしれないが、ただ救援機をいつでも飛べるように待機させておくというのは正しい判断だ、と言った」

そして、その直後のパラグラフが以下です。

> "It's kind of a belt-and-suspenders approach. But if you need the belt after your suspenders fail, you would be glad you had it."
> 「これは言ってみればベルトとサスペンダーを同時に使うみたいなもので、両方するのはやりすぎと思われるかもしれません。でも万が一サスペンダーが壊れてしまったら、ベルトをしていて良かったと思うことでしょう」

belt-and-suspendersとは「そこまでやらなくてもいいと思えるほどとても注意深い、準備に抜かりない」という意味でしばしば使われます。要するに**overkill**（やりすぎ）というニュアンスがあります。語源は上の例文から明らかでしょう。

表現
overkill
「やりすぎ」「過剰」

🔊 28

課題:

その件に関して、さまざまな角度から注意を払って、考えられるあらゆる状況に対応できるようにしておくこと。

日本人の英語
Make sure that we pay attention to every aspect of the issue and prepare for every possibility.

👍 ネイティブの英語
Make sure we cover all the bases.

cover all the bases とは、「あらゆる可能性を考慮して、準備をする」「置かれている状況・抱えている問題点に関して、いろいろな角度から注意を払う」「(相手に)伝えるべき情報はすべて準備して伝える」といった意味で使われます。要するに、「もれのないように、やるべきことはすべてやっておく、含むべきことは含めておく」ということです。語源は野球のベースからきているという説や、軍隊の基地という意味からきているという説もありますが、はっきりしていません。

So, have we covered all the bases?
「ところで、やるべきことはすべてやったのですか」
「それじゃ、当たるべきところはすべて当たったのですか」
「では、必要な情報はすべて盛り込んだと考えていいですか」

It's a pretty extensive report. I think we've covered all the bases.
「とても広範で詳細なレポートができましたね。これならバッチリだと思います」

上の例文の場合、要するに、含めるべき内容はすべて含まれている、という意味で使われています。

To cover all the bases, let's make sure we have at least one representative from each department.
「一応もれのないようにするために、必ず各部署から最低1人は代表者を出してもらうようにしよう」

上の例文もそうですが、次の例文も、関係者全員にもれなく気配りしているという意味です。

The name of Britain's new royal baby is Charlotte Elizabeth Diana. Charlotte is a female form of Charles, the name of her grandfather. Queen Elizabeth is her great-grandmother. Diana is her grandmother. So the name covers all the bases.
「英国王室の新しい赤ちゃんの名前はシャーロット・エリザベス・ダイアナ。シャーロットはおじいさんのチャールズの女性名。エリザベス女王はひいおばあさん。ダイアナはおばあさんです。つまり、この名前、主要人名をすべてカバーしているわけです」

ウィリアムとケイトの2人目の赤ちゃんの名前がどうなるかについては、いろいろな憶測が飛びましたが、これで一件落着となったわけです。

表現

cover all the bases
「もれのないように、やるべきことはすべてやっておく、含むべきことは含めておく」

🔊 29

課題：

彼はバーテンダーの仕事で授業料や生活費を稼ぎ、大学を出た。

日本人の英語
When he was in college, he paid the tuition, room and board by working as a bartender. And then he graduated.

👍 ネイティブの英語
He paid his way through college by working as a bartender. (He worked his way through college as a bartender.)

pay one's way throughとは、「〜を終えるまで、必要なお金を自分ですべて払う」という意味。また、**work one's way through**は「働きながら生活をささえて〜を終える」ということです。いずれも時間の経過があり、学業に関する話で使われることが多く、throughの後にはcollegeやschoolなどの言葉がよく続きます。

また、生計を立てる手段を主語にして、次のように言うこともできます。

A bartending job paid his way through college.
「彼はバーテンダーの仕事で授業料や生活費を稼ぎ、大学を出た」

His father gave him one million yen when he was 10 and instructed his son to invest it in stocks and to pay his way

through college with the proceeds. [WST 6/6/2006]
「彼の父親は彼が10歳のときに100万円を渡し、株に投資して、そのもうけで大学を卒業するように指導した」

また、類似表現の **work one's way [oneself] up to** も覚えておきましょう。**work one's way [oneself] up to** とは、「組織内で業績を認められながら徐々に昇進し、ある特定の地位・ランクに到達する」ことで、時間の経過と「一生懸命に」「出世して」「最後には」といった意味合いが含まれているわけです。

He worked his way [himself] up to president.
「彼は会社の中で一生懸命に働き、出世して、最後には社長にまでなった」

ほかの類似表現として、筆者の持っている本のタイトルで『Talk Your Way to Success（話し方次第で成功があなたのものに）』（カッコ内は著者の日本語訳）というのがあります。また、以下は米国の人気テレビ番組の話。

Clay Aiken sang his way to a runner-up finish on the television show *American Idol*.
「クレイ・エイキンはテレビ番組『アメリカン・アイドル』で（歌唱力を認められ）2位の座を獲得した」

表現

pay one's way through
「～を終えるまで、必要なお金を自分ですべて払う」

work one's way through
「働きながら生活をささえて～を終える」

🔊 30

課題:

（その件に関しては）考えつくこと、やれることは片っ端からすべてやって、やり逃すことのないように。

日本人の英語
Try to do everything you can possibly think of, and make sure you don't miss anything.

👍 ネイティブの英語
Make sure you leave no stone unturned.

leave no stone unturned は直訳すると「ひっくり返さない石がないようにする」、つまり「すべての石をひっくり返す」ということですが、大きく分けて2つの意味があります。1つは「探せるところはすべて探す」「何も見逃さない」という意味です。石を1つずつひっくり返して、下に何か隠されていないか確認するところを想像するといいでしょう。もう1つは「（問題解決のためなどに）心当たりのこと、可能なことはすべてやる」「でき得る手立てはすべて打つ」という意味です。『課題』の「ネイティブの英語」は後者の意味の例です。次の例は、「探す」という前者の意味の例です。

> We'll help you find your dog. We'll leave no stone unturned.
> 「君の犬を一緒に探してあげるよ。しらみつぶしに探すからね」

We want to live in that area, so we went house-hunting there last week. We left no stone unturned.
「あの辺りに住みたいので、先週いろいろと物件を探しに行きました。片っ端から見てきました」

例えば、事件の調査を進める警察署長などが部下に対して「とにかくしらみつぶしに探せ」という意味で **Leave no stone unturned.** と言うかもしれません。あるいは営業員に対して上司が「売れそうなところには片っ端からあたれ」という意味で使うかもしれません。また、政治家や政府の高官などが一般大衆に対して「できることはすべてやっている」と訴えるときに使われることもあるでしょう。

We'll leave no stone unturned in balancing the budget.
「予算の赤字をなくすために、できることはすべてやります」

2004年12月、大リーグ、ヤンキースのジェイソン・ジアンビ内野手が過去何年間かステロイド（steroid: 筋肉増強剤）などの薬物を使用していたことが明らかになりました。その手の薬物（performance-enhancing drugs）の使用は禁止されていますが、その当時はまだ、野球界はあまり取り締まりに積極的ではありませんでした。議会からの圧力や世論のあおりを受けて、コミッショナーのバド・スィーリグ氏は記者会見で次のように言いました。

We're going to leave no stone unturned.
「今後、（野球界での禁止薬物の取り締まりに関して）やるべきことは徹底的にやります」

表現

leave no stone unturned
「（問題解決のためなどに）心当たりのこと、可能なことはすべてやる」「探せるところはすべて探す」「何も見逃さない」

🔊 31

課題：

彼はその100ページのレポートを最初から最後まで慎重に、一語一句逃さずに読んで、間違いや誤植がないか調べた。

日本人の英語
He carefully and thoroughly read the 100-page report from cover to cover to see if there were any mistakes or typographical errors in it.

👍 ネイティブの英語
He combed through the 100-page report to see if there were any errors or typos in it.

comb throughは「～を丹念に調べる」「～の中をくまなく探す」という意味で使われます。ちなみに、このcombは自動詞ですが、他動詞の場合の「～にくしを通す」という意味から、「何か引っかかるものがないか、あたかもくしで丁寧にとくかのように丹念に調べる」と覚えるといいかもしれません。

　read...from cover to coverは「…を最初のページから最後のページまで全部読む」という意味です。to see ifは「～であるかどうか確認する（調べる）」ということで、typoはtypographical error、つまり「タイプミス」「誤植」のことです。

Comb through the file one more time.
「見落としがないか、ファイルをもう一度調べてくれないか」

何か探している情報が見つからないときに、このように上司が部下に頼むこともあるかもしれません。

I combed through my closet for something to wear.
「何を着ようかと、クローゼットの隅から隅まで探した」

読んだり調べ物をする以外に、このように物理的にある物を探すときにも使いますし、次のように救助や捜索に関して「草の根を分けても探す」「懸命に捜索する」という意味でも使われます。

Rescue workers combed through the debris of collapsed buildings, searching for survivors.
「救助隊は、崩壊した建物の残骸をくまなく調べながら、生存者がいないか探した」

次の例文は2009年11月にテキサスの米軍基地内で起きた発砲事件に関するものです。

...investigators continue to comb through the evidence of the massacre at the military installation... [New York Times, 11/6/09]
「米軍基地で起こった大量射殺に関する証拠の入念な検証が、捜査官らによって続けられている……」

表現
comb through
「〜を丹念に調べる」「〜の中をくまなく探す」

課題：

彼はプレゼンテーションを成功させるために、できることはすべてやった。

日本人の英語
He did everything he possibly could to make the presentation successful.

ネイティブの英語
He pulled out all the stops for the presentation.

pull out all the stops とは「(目的を果たすために)できることはすべてやる」「(何かを成し遂げるために)(遠慮せずに)あらゆる手段を使う」という意味で、語源はパイプオルガンからきています。鍵盤の両脇には通常複数のノブがあり、stop(s)と呼ばれます。stopは各パイプの下方につながっていて、押し込んだ状態ではパイプの底の部分がふさがれて空気が流れず、すなわち音が出ない状態になります。逆に、stopを引っ張る(pull out)と、空気が流れ、音が出る仕組みになっています。つまり **pull out all the stops** は、「stopを全開にして、出る音はすべて出せるようにする」というのが直訳です。

The police pulled out all the stops to find the murderer.
「警察は全力を挙げて殺人犯を見つけようとした」

このように後に「to＋動詞」を続けることもできます。

> I'm pulling out all the stops.
> 「やれることはすべてやっているんです」

もちろんこの例のように現在進行形でも使えます。また、stopsの後には何も言葉が続いていませんが、事の成り行きを知っている相手に対してであれば、単にこれで済むわけです。次のような使い方もあります。

> You'll have to pull out all the stops if you're going to pass the exam.
> 「試験に受かるには、全力を尽くさないと駄目だ」

さて、次の例は2006年1月6日のThe New York Timesの記事です。ジョージ・W・ブッシュの指名した最高裁判事候補の任命に先駆けて、保守派（共和党）とリベラル派（民主党）がテレビ広告を使って戦っていたときの話です。

> In the final days before hearings on the Supreme Court nomination of Judge Samuel A. Alito Jr., partisans on both sides are pulling out all the stops in an effort to sway public opinion.
> 「最高裁判事候補のサミュエル・A・アリトJr.裁判官の（任命前の上院司法委員会の）公聴会を数日後に控えて、保守、リベラルともに自分たちの側に世論をなびかせようと必死だ」

ちなみに、同じ意味の**go all out**という表現もよく使われます。『課題』は、これを使ってHe **went all out** for the presentation. と訳すこともできます。

表現

pull out all the stops
「（成功するために）やれることはすべてやる」
「（目的を達成するために）一生懸命に努力する」

🔊 33

課題：

われわれの方では、彼らが要求していたものを提供するために相当無理(努力)をしました。

日本人の英語
We inconvenienced ourselves making every effort to give them what they wanted.

👍 ネイティブの英語

We bent over backwards to give them what they wanted.

bend over backward(s) とは文字通りには「(体を)後ろ側に折り曲げる」ということですが、「(誰かを満足させるために)普通ならやらないほど努力する」「(相手のために)無理をする」という意味になります。体を後ろ側に折り曲げるのは不自然な動きですから、体に負担がかかることを考えれば、「つらい状況」という意味合いがつかめるでしょう。相手に喜んでもらう、要求を満たすために普通ならやらないことまでする、というニュアンスがあります。

I would lean over backwards to help her if she needed it.
「もし彼女が私の助けを必要とするなら、やれることはなんでもやりますよ」

このように **bend**(体を曲げる)の代わりに、**lean**(体を傾ける)を使っても同じ

意味です。また、次の例のように **fall over** を使う人もいます。いずれにせよ、不自然でつらい体勢であることは理解できるでしょう。

> She fell over backwards to please the customer.
> 「彼女は、その客を喜ばせるために相当無理をした」

また、**go out of one's way** という表現も同じ意味で使われるので、覚えておきましょう。課題は次のようにも言えます。

> We went out of our way to give them what they wanted.

以下の例文は *New York Daily News*（2009年2月10日）のもの。US Airways 1549便のエンジンが停止し、最寄りのどこの飛行場にもたどりつけないと判断した Chesley Sullenberger 機長は、同機をハドソン川に見事に着水させ、乗客と乗務員155人全員が無事に救出されました。一躍ヒーローとなった彼が、ニューヨーク市庁舎で表彰されたときに、This was a crew effort.（皆無事に助かったのは、〔自分だけではなく〕クルー全員のおかげです）と控えめな発言をしたときの様子を述べたものです。

> He went out of his way to thank the entire crew at City Hall, downplaying his own role.
> 「彼は市庁舎に呼ばれたとき、同席していたクルー全員一人一人にわざわざ感謝の言葉をかけ、自分が果たした役割に関しては控えめだった」

表現
bend over backward(s)
「（誰かを満足させるために）普通ならやらないほど努力する」「（相手のために）無理をする」

🔊 34

課題:

大統領は再選に向けて支持率を上げるためにリスクを承知で、普通だったらそこまでやらないだろう、というところまでやって頑張っている。

日本人の英語
In his bid for a second term, the president is taking the risk of going beyond what he would normally do to gain higher approval ratings.

👍 ネイティブの英語
In his bid for a second term, the president is pushing the envelope to gain higher approval ratings.

push the envelopeとは「(何かを達成するために)限界とされていること以上のことをする」「(技術レベルや一般に許容されている考え方などの)限界に挑む」といった意味で使われます。ちなみにenvelopeは、ここでは当然「封筒」という意味ではありません。

　語源は航空機のflight envelopeからきているという説が有力です。飛行機が一定の高度で水平に真っ直ぐ飛行するためには、ある範囲内のスピードを保つ必要があります。遅過ぎると失速して墜落の危険がありますし、速過ぎても飛行が不

安定になります。また、より高い高度では、より速く飛ばないと水平・直進を維持できません。この関係を高度を縦軸に、速度を横軸にとってグラフにすると、Uを逆さまにしたような曲線ができます。高度と速度がその曲線（flight envelope）の内側であれば安定した飛行ができますが、外側に出てしまうと危険です。つまり**push the envelope**は「危険を承知で境界の外へ向かって突き進む」という意味になります。

次は、「伝えようとしているメッセージがあまりに過激だ」という意味の用例です。

> Some say school sex educators are pushing the envelope by handing out condoms to first graders.
> 「学校の性教育で、小学1年生にコンドームを配るというのは行き過ぎだという人もいる」

次は「技術的な限界に挑戦する」という意味の用例。

> The computer manufacturer is pushing the envelope on what you can fit into a superthin and supersmall notebook.
> 「そのコンピューターメーカーは極薄・極小のノートPCにどれだけの機能を内臓できるかに奮闘している」

表現

push the envelope
「（何かを達成するために）限界とされていること以上のことをする」
「（技術レベルや一般に許容されている考え方などの）限界に挑む」
「頑張る」「無理をする」

🔊 35

課題：

われわれの努力は何の成果にも結びついていない。結局、無駄な努力をしているだけだ。

日本人の英語
We are working hard, but our effort doesn't seem to yield anything. After all, we are wasting our time.

👍 ネイティブの英語
We are just spinning our wheels.

spin one's wheels とは「結果に結びつかない努力をする」、「意味のないことをやって時間を無駄にする」という意味です。直訳すると「車輪をくるくると回転させる」ということで、車のタイヤが深雪やぬかるみにはまって空回りしているのを想像してみましょう。いくらアクセルを踏んでも車は進まないわけです。wheelsと複数形である点に注意してください。進行形で使われることが多く、よくjustを伴います。

ビジネス上の会話なら、努力がお金に結びつかないことを言う場合もあれば、収入のためだけにつまらない仕事を(だらだらと)続けることを言う場合もあるかもしれません。

> I was spinning my wheels at work for two years and getting nowhere, so I quit.
> 「2年間先のない仕事をしていて、将来が見えなかったので、結局辞めました」

Let's stop spinning our wheels and come up with a solution.
「いつまでもこんなことをやってないで、何か解決案を考えましょう」

また、類似表現の **go through the motions** も覚えておきましょう。**go through the motions** とは「やる気がないのだが、しょうがなくやる」、あるいは「表向きにはやらないわけにはいかないので、やっているふりをする」という意味です。とりあえずやるべきことをやっているのか、やっているふりをしているだけなのかはその場のコンテクストで決まります。要するに、本人に「やる気がない」ということがポイントです。こちらも進行形で使われることが多く、よくjustを伴います。motionsと複数形で、定冠詞のtheが付く点に注意してください。

I was just going through the motions.
「やる気がなかったけれども、表向きは一応やってるふりをしていた」

She sits at her desk from 9 to 5 every day but doesn't do anything. She's just going through the motions.
「彼女は9時から5時まで席に座っているけど、何もしてないよ。ただ仕事をやってるふりをしているだけ」

I don't think anyone was enjoying the reception. Everyone seemed to be going through the motions.
「誰もレセプションを楽しんでいる人はいなかったと思う。皆、本当は行きたくなかったのに、付き合いで参加した感じだった」

表現
spin one's wheels
「結果に結びつかない努力をする」「意味のないことをやって時間を無駄にする」

🔊 36

課題：

それに関しては既存のやり方があるわけだし、それなりに機能している。同じことを達成するために、またわざわざ最初から新しい方法を編み出す必要はない。時間と労力の無駄だ。

日本人の英語

We already have a way of doing this, and it basically works. So there's no need to try to develop a new way of achieving the same thing. That would be a waste of time and effort.

👍 ネイティブの英語
Let's not reinvent the wheel here.

reinvent the wheelとは直訳すると「（既に存在する）車輪を改めて発明する」ということですが、転じて「ある目的を達成するための方法が既に存在するのに、また最初から新しい方法を考え出す」、つまり「やらなくてもいいことをして無駄な時間と労力をかける」という意味で使われます。

　例えば、ある会社で数年前に業務改革推進のための特別な委員会を設けて、社外コンサルタントを使って提案書を作成したとしましょう。ところが何かの事情で、いつの間にか業務改革推進の話は後回しになり、そのままになっていました。そこで今度、新社長が就任し、また業務改革推進の話が再開して、新たに委員会を設けて、新しく提案書を作らせようという話になったとします。こんな時に社内の誰かが、「もう既にその件に関しては、以前中途半端に終わって使われなかった提案書があるのだから、わざわざまた最初からやり直さずに、それを使えばいい

はずだ」という会話があったとしましょう。そんなときに使える表現です。

Why reinvent the wheel?
Don't reinvent the wheel.
「わざわざ改めてやることはないでしょう」

We don't want to reinvent the wheel.
「その件に関しては、ここで新たに議論する意味はないでしょう」

また、現状維持という意味では、次の表現もよく使われます。

If it ain't broke, don't fix it.

文法的に正しく言うと、If it isn't broken, don't fix it.（壊れていないのなら、直すことないでしょう）ということですが、「とりあえず機能しているのだから、へたにいじくることはやめなさい」という意味です。これは機械などに関して使えるだけではなく、既存の考え方や規制・手順・ルール・システムなどに関しても使えます。

ただ余談ですが、現実には既存の考え方ややり方を継承していくだけでは物事はなかなか進歩・改善しないものです。時には一見機能していると思われる今までのやり方を見直すという態度も必要です。そういう意味で、これらの表現を知っておく（聞いたり、読んだときに理解できる）ことは大切ですが、かといってあまり自分から使いすぎると、前向きに物事を改善していこうという態度に欠ける人と見られる恐れもあるので注意した方がよいでしょう。

表現
reinvent the wheel
「既にあるもの（考え・システム・手順など）を使わずに、わざわざ同じものを新たに最初から作り出す」「やらなくてもいいことをして無駄な時間と労力をかける」

091

🔊 37

課題：

もしそのことに触れると、厄介で複雑な問題を引き起こすことになるし、そんな問題にかかわりたくない。そもそも言わなくても済むことなのだから、言うのはやめておこう。

日本人の英語

If we raised that issue, it would create complicated problems that we would rather not deal with. Besides, we don't have to talk about it. So let's not mention it.

👍 ネイティブの英語

Let's not open up a can of worms.

a can of worms とは「厄介で複雑な問題」「いったん起こったら、どのように発展していくか予測ができない問題」「どうにも解決できない、あるいはかかわりたくない面倒な問題」という意味です。直訳すると「缶に入っているミミズ」ですが、恐らく魚釣りの餌でしょう。ふたを開けると中のミミズがはい出てきて、缶の中にじっと収まってくれない厄介な状況を想像すれば覚えやすいでしょう。

例文のように **open up a can of worms** として、「あることを言ってしまう、あるいはやってしまうことによって、複雑で厄介な問題を引き起こす」という意味でよく使われます。また、upを入れないで、**open a can of worms** と言う人もいます。黙っておけば問題にならずに済むことが、口にしたせいでややこしい話になってしまうことはあるものです。相手が知らなければ知らないで済ませられること、あるいは、タイミング的に今明らかにしない方がいいこともあるでしょう。そんなときに使える表現です。

Are you going to talk about tax increases? You'll be opening up a can of worms.
「増税の話をするつもりなのですか。物議をかもしますよ」

Releasing the new version of the software now will open a can of worms. It still has so many bugs.
「そのソフトウエアの新しいバージョンを今リリースしたら、とんでもないことになりますよ。まだバグだらけですから」

このように主語が「人」や、行為、発言、問題点など「人」以外にも使うことができます。

That would open up a whole new can of worms.
「そんなこと言ったら(それが知られたら)、全く別の問題が巻き起こりますよ」

この例では「全く新しい」問題が起こりうることを強調するために、**whole**を挿入しています。また、仮定法過去のwouldが使われているので、「もしそんなことをしたら」というニュアンスが出ています。
　また、**a can of worms**だけで使うこともできます。

The whole issue is a can of worms.
「その件に関しては、何から何まで厄介な問題だ」

表現

open up a can of worms
「あることを言ってしまう、あるいはやってしまうことによって、複雑で厄介な問題を引き起こす」

🔊 38

課題：

ついうっかりしてしまい、それをやり損ねてしまった。

日本人の英語
Due to carelessness, it was left undone.

👍 ネイティブの英語
It (just) fell through the cracks.

fall through the cracks とは直訳すると「亀裂の中をスルリと通り抜けて落ちる」ということですが、「十分に気をつけていなかったため、本来なされるべき事が、なされずじまいになってしまう」という意味になります。例えば、あまりの忙しさで、やるべき事をつい忘れてしまったとします。それに上司が気づき、どうしたのかと聞かれたときなどに、「ついうっかりして」という感じで使えるでしょう。特にいくつもの事に取り組んでいる（いた）ときなどに、あることをつい見逃す、やり損ねるという場合によく使われます。

また、この例文の面白いところは、人間の注意力の欠如が原因であるにもかかわらず、主語が人でないことです。例えば、I forgot to do it. などと直接的に自分(I)の非を認めるよりは、上記のネイティブの表現を使った方が、「このように見逃してしまうことは誰でもあるでしょう」という感じが出ます。

Make sure nothing **falls through the cracks**.
「やるべき事はもらさずにやるように注意してください」

これは例えばリーダーが、部下が何かをしようとしている(あるいはしている)ときに念を押す場合などに使えるでしょう。

また主語を人にして、「本来含まれているべき人(人々)が対象から外される(もれる)」という意味でも使われます。

> Many people fall through the cracks in the healthcare system.
> 「多くの人が医療制度から外れてしまっている(医療のサービスが受けられないでいる)」

> ...Mr. Obama outlined challenges facing his presidential candidacy in the coming primaries..., particularly persuading white working-class voters who, he said, fell through the cracks during the Bush and Clinton administrations. [New York Times 4/12/08. p.A15]
> 「オバマ氏は大統領予備選に向けてのこれからの課題を説明した……特にブッシュ、クリントン政権時代、彼の言うところの、忘れられた存在であった白人労働者層からの支持を得ることに力を入れると言った」

また、**through**の代わりに**between**を、**fall**の代わりに**slip**を使うことができます。

> It just fell between the cracks.
> It just slipped through/between the cracks.

表現
fall through the cracks
「〈なされるべき事が〉〈誰かの〉不注意のために、なされずじまいになる」「〈本来含まれているべき人(人々)が〉〈誰かの不注意で〉対象から外される(もれる)」

095

Column —— 3

日本的な発想で英訳することの限界

某英語関係の雑誌に寄稿したとき、同号の某「カリスマ先生」の連載記事の冒頭の英作文の問題が目につきました。**「遅刻した罰として詩を覚えさせられた」**
　先生の模範解答は、**I was late, so I was made to learn a poem.** で、「罰」という単語を知らなくてもこれで「十分伝わります」との解説。そこで、私なりにこの設問と解答を分析してみました。まずは日本語の設問に関する問題点。

- **何に遅刻したのか?**(授業か職場かどこなのか)
- **遅刻は罪か?**(例えば米国の小中高では、遅刻は最終的に成績表に記録が残る。仕事なら人事評価に影響がする可能性がある。罰を与えるというのは日本的発想)
- **誰が詩を覚えさせたのか?**(先生なのだろうが、明確にすべき)
- **なぜ詩を覚えることが罰なのか?**(もし遅刻した本人が詩が大好きだったらどうするか。詩など皆嫌いという仮定なのか)

　次は英文の問題点。

- **Late for what?** 日本語同様、何に遅れたのかが不明。
- **so**：日本語と同様 I was late. と I was made to learn a poem. の論理的つながりがない。2つをつなぐ根拠が最低1つ必要。
- **was made to do**：「誰かに〜をさせる」という意味で make を受動態にしたのだろうが、こういう言い方はしない。was forced to do ならありうるが。
- **learn a poem** は英語としておかしい。a poem(単にある1つの詩)は読んだり、朗読したりはしても、学問や教科として learn(学ぶ)するものではない。

　そもそも日本語の設問が日本的な発想(意味が曖昧)なので、それを英訳せよというのに無理があります。そこで私なりに情報を補足して訳してみました。

My language teacher was upset because I was late for her class again. As a punishment, she had me stay after school until I memorized a poem.

　これでもすっきりしませんが、「国語の先生」「気分を害した」「私がまた遅刻したから」「罰として」「詩を暗記するまで放課後残された」と、情報がより明確です。曖昧(意味不明?)な日本語をいい加減な英語に変換しても通じないのです。まず日頃から日本語で筋道を立てて考え、話す習慣をつけましょう。ちなみに、もしこんな先生がいたら、米国ではいじめ問題になるでしょう。

Part 4
議論・説得・交渉

🔊 39

課題：

払うとしたら、大体どのくらいの金額になるのか教えてくれませんか。

> **日本人の英語**
> Please let me know approximately how much money we would need to pay for it.

👍 **ネイティブの英語**
Give me a ballpark.

ballparkとはここでは「野球場」ではなく、「おおよその金額・数量」「大体その程度だろうと考えている数・範囲」という意味で、日常生活でもビジネスでも頻繁に使われます。もう十何年も前の話ですが、娘のめぐみが小学3年生のときにballpark estimateというテーマの宿題を持って帰ってきたことがあります。身の回りの物の寸法を大まかに測って把握するというものでした。

例えば、ある商品、あるいはサービスのコストを知りたくても、売り手側がはっきりとした数字を出さない（出せない）ときがあります。条件やどういうオプションを加えるかによって値段が変わるものがあるかもしれませんし、細かく調べないと見積もれないものもあるでしょう。そんな場合に、それでも大まかな金額・数値を知りたいときに使える表現です。

> Just give me a ballpark figure.
> 「大体でいいから、いくらぐらいか教えてくれませんか」

このように **a ballpark figure**、**a ballpark estimate** と言っても同じ意味を表します。ちなみにこの文もネイティブの英語も、いわゆる imperative（命令文）になっていますが、ここでの用法は「命令」というよりは「要求」ととるべきでしょう。命令文というと高飛車なニュアンスがありますが、これらは必ずしも偉そうに命令しているわけではありません。文法的に「命令文」だからといって、相手が「命令」をしているとは限らないことを理解しておきましょう。

What is your ballpark estimate for the cost of the project?
「そのプロジェクトは大体どのくらいのコストがかかると思いますか」

I would say it's in the ballpark.
「まあ金額的には大体そんなところでしょう」

「大体このぐらいの金額だと考えておけばいいでしょうか」「この程度用意しておけば問題ないですか」といった質問に対して、それを肯定するときに使える表現です。I would say と言っているので、「あくまでも他の人はどう思うかはわかりませんが、自分はそう思います」というニュアンスがあります。

These extra costs would put us out of the ballpark.
「そういった追加コストを考えると、われわれの提示できる金額は期待されるものよりもかなり高くなってしまう」

これは要するに、「自分のところでは競合他社が提示してくるであろう金額に比べて高くなってしまうので、とても太刀打ちできない」という意味です。

表現
a ballpark (figure)
「おおよその金額・数量」「大体その程度だろうと考えている数の範囲」

🔊 40

課題：

（客に対して）あまりあれこれと細かい請求をして、うんざりさせたくない。（ケチなことは言いたくない）

日本人の英語
I don't want to bother our customers by charging many small costs and expenses.

👍 ネイティブの英語
I don't want to nickel-and-dime (our customers).

nickelは5セントでdimeは10セントですが、**nickel-and-dime**で「細かい金額を（いちいち）請求する」「ケチる」「できるだけお金を使わない」などの意味になります。また、金銭とは関係なく「細かいこと（どうでもいいこと）にこだわる」という意味でも使われます。

　その昔、私がニューヨークで金融関係の営業をやっていたころ、あるクライアントにサービスのアップグレードを提案しようとしたことがあります。クライアントに対するアップグレードのインセンティブとして、毎月の請求項目の内の比較的少額のものを免除したいと、上司のBobに相談しました。実際、請求項目の中には細かいものがいくつもあり、どれを免除するとかしないとかを話しているうちに、Bobが私に言った言葉です。「ディスカウントするのならある程度の金額でないと格好がつかないし、少額をちょこちょこ削っても逆に先方もあまり感謝せずに乗り気にならないだろう」という意味でした。

次の例は、New York Daily News（12/17/08）の記事の一部で、ニューヨーク州知事がこの不況の中、税収入を上げようといろいろと細かい提案をしていて、その中には音楽のダウンロードに対する課税が含まれているという話です。

> Gov. Paterson's proposed $121 billion budget hits New Yorkers in their iPods and nickels-and-dimes them in lots of other places, too.
> 「パターソン知事の提案している1210億ドルのニューヨーク州の予算は、納税者のiPodを狙っているだけではなく、ほかにもいろいろなところで少しずつ課税・増税しようというものだ」

次の例は、「ケチる」という意味です。

> Don't nickel-and-dime your employees. You should pay them well.
> 「従業員にケチらないこと。まともな給料を払うべきです」

次の例は、お金とは関係がなく、「細かいことでがたがた言う」という意味。

> Happy couples don't nickel-and-dime about chores.
> 「仲の良い夫婦というのは、お互いに家事を助け合い、どっちが何をどれだけやったなどと細かく気にしないものです」

choresは「家事」「雑用」のこと。例えば、うまくいっている共働きの夫婦は「前回は私がごみを出したんだから、今度はあなたがやってよ」などと細かいことは言わずに、手が空いていたらお互いに相手を助けてやろうという気持ちがあるという話。共感する読者もいるでしょう。

表現
nickel-and-dime
「細かい金額を（いちいち）請求する」「ケチる」「できるだけお金を使わない」「細かいことでがたがた言う」

🔊 41

課題：

彼は、今は前回言ったことと全く逆のことを言っている。

日本人の英語
He is now saying the complete opposite of what he said before.

👍 ネイティブの英語
He flip-flopped.

flip-flopとは「2つの異なる状態(状況)を行ったり来たりする」「バク転宙返りをする」といった意味もありますが、ここでは「過去に発言した内容や今までとってきた考えなどを、今になって180度変える」という意味です。

He flip-flopped and admitted his wrongdoing.
「彼は証言をくつがえして、過ちを犯したことを認めた」

Trump flip-flopped on immigration.
「トランプ氏は移民政策に関して立場を180度変えた」

この表現は、政治家が突然今まで言っていたことと全く逆のことを言ったときなどによく使われます。以下は、MSNBCのニュースのヘッドラインで、Californiaの元governorのアーノルド・シュワルツェネッガーが、以前州議会で可決されたある法案を拒否権を使ってつぶしたのに、今回同じ法案が通った際には、一転して署名したという話です。

> Schwarzenegger flip-flops, honors Harvey Milk: Murdered activist 'has come to symbolize the gay community in California.'
> 「シュワルツェネッガー知事、一転して、ハーベイ・ミルクの栄誉をたたえる。殺害された活動家は『カリフォルニアのゲイ・コミュニティーの象徴となった』」

ゲイ権利活動家であったHarvey Milkは1977年にSan Francisco Board of Supervisors（サンフランシスコ市の立法機関）のメンバーの1人に選ばれ、米国の大都市で初めて公職に選出された自他共に認める同性愛者でした。しかし、数週間後、市長のGeorge Mosconeと共に、Milkの元同僚であるDan Whiteに市庁舎で殺害されました。

シュワルツェネッガー元知事が2009年にほぼ同じ法案をveto（拒否権を発動）したにもかかわらず、今回署名したのは、2008年の映画 *Milk*（ショーン・ペンがMilk役でアカデミー主演男優賞を受賞）の影響が少なからずあったようです。

> She flip-flopped over the issue.
> 「彼女はその件に関して、立場を一転した」

このように **flip-flop over** の形で用いると「〜に関して態度を180度変える」という意味になります。また、**flip-flop**を名詞として**do a flip-flop**という使い方もできます。

> The president did a flip-flop on economic policy.
> 「大統領は経済政策に関して180度態度を変えた」

ちなみに、**flip-flops**（複数形）は「ビーチサンダル」のことです。

表現
flip-flop
「過去に発言した内容や今までとってきた考えなどを、今になって180度変える」「態度や発言をひるがえす」

課題：

彼らは今直面している問題に真っ向から対処することを避けて、決断を後回しにしたいと思っている。

日本人の英語
They want to avoid the issue right now and to postpone making a decision.

ネイティブの英語
They want to kick the can down the road.

kick the can down the roadとは、文字通りには「空き缶を道に沿って蹴り飛ばす」ということですが、「直面している問題に今すぐ対処しようとせずに、時間稼ぎをして後回しにする」という意味です。要するに**procrastinate**や**put off**ということですが、そのつけが他の人に回ってくるという無責任なニュアンスがあります。状況によっては「そのままにしておいて、誰か他の人が対応してくれることを期待する」「できれば問題が自然に消滅、あるいは解決してくれればと思っている」という解釈もできるでしょう。政治の世界では頻繁に使われる表現です。

Sooner or later, you have to stop kicking the can down the road.
「いつかは先延ばしをやめて、決断（決定）しなければならない」

次は米国政府の債務上限引き上げと財政赤字削減に関するオバマ大統領の記者会見での発言の一部。

> "[Some in Congress want] to kick the can down the road when it comes to solving the larger problem of our deficit."
> [White House transcript: July 5, 2011]
> 「より大きな問題である財政赤字削減の話となると、今対応せずに後回しにしたいと考えている議員がいる」

語源には諸説あり、はっきりしません。子どもの遊びの「缶蹴り」から来ているとする説もあれば、単に缶を蹴りながら、道をぶらぶらと歩いている状況にたとえているという説もあります。

次の例文は共和党（Republican）のJohn Boehnerが2011年1月5日に下院議長（Speaker of the House）に就任したときのスピーチの一節。

> "No longer can we kick the can down the road. The people voted to end business as usual, and today we begin to carry out their instructions."
> 「われわれ議会は、もうこれ以上諸々の問題を先延ばしにすることはできません。今回（共和党が議席の過半数を奪還したのは）国民が今までの議会のやり方に我慢がならなかったことが投票結果に現れたわけで、われわれは今日からその国民の声を実行に移していきます」

とは言っても、その後2011年7月から8月初めにかけて繰り広げられた債務上限引き上げをめぐる議会での民主党と共和党の戦いは、結局相変わらず（business as usual）問題解決の先延ばしでした。

表現
kick the can down the road
「直面している問題に今すぐ対処しようとせずに、時間稼ぎをして後回しにする」

🔊 43

課題：

その会社は私に、とんでもなく低いサラリーを提示してきた。

日本人の英語
The company gave me an unreasonably low salary offer.

👍 ネイティブの英語
The company lowballed me.

lowballには「（まともな人なら出さないような、非常識な）低い金額を提示する」という意味があります。上の「ネイティブの英語」の中にはサラリーに関する言葉はありませんが、会話の中では、話の流れからこれで通じるわけです。一般には、給料に限らず、商談などで買い手が提示してきた金額が低すぎて納得がいかない、満足できないというときに使えます。

I was lowballed.
「先方はとんでもなく安い金額をオファーしてきた」

また、**lowball**は形容詞としても使われます。

Making a lowball offer can be insulting to the seller.
「あまりにも低いオファーを出すと、売り手がバカにされたと思う可能性がある」

また、**lowball**には「最初に受け入れられやすい条件（安い金額）を提示して、相手がその条件（金額）に合意した後に、何らかの理由を挙げて条件を変える（金額をつり上げる）」という意味もあり、お金に限らず、条件を自分に有利に変える場合に使われます。決して倫理的な商法ではありませんが、うまくやれば相手は不当なことをされたとは気づかずに済んでしまう可能性もあります。

わが家も、10年近く前にリフォーム（renovation）したときに、雇った建設業者が、工事半ばで、実は予期していなかった費用が出てしまって、見積もりを修正しなければならないと言ってきたことが何度かありました。納得いくものもあれば、最初からそうするつもりだったのではと思うものもありましたが、難しいのは、既に工事が始まっているわけで、話がこじれると工期が遅れる可能性もありますし、また頭にきてクビにしても、他の人を雇うとなるともっと面倒なことになります。そういうわけで、残念ながら、許容できる範囲内ならそのまま受け入れざるを得ないということはあるものです。

> The contractor apparently lowballed us on the cost of materials.
> 「どうも請負業者が、（競合の見積もり合戦に勝つために）資材のコストをわざと低めに見積もって提示していたようだ」

非倫理的な商法という意味で、**bait and switch**、文字通りには「エサでおびき寄せておいて、すり替える」という表現も覚えておきましょう。これは、お買得商品を広告しておきながら、客が店に行くと、それはなく、代わりにもっと高いものを買わせようとする、いわゆる「おとり商法」のこと。

表現

lowball
「（まともな人なら出さないような、非常識な）低い金額を提示する」「受け入れられやすい条件を提示して、合意を受けた後に条件を変える」

🔊 44

課題：

頼むから、その件に関してはこれ以上聞かないで。話したくないから。

日本人の英語
Please——I would rather not talk about that subject.

👍 ネイティブの英語
You don't want to go there.

　まずは、この表現が使われそうな場面を考えてみましょう。例えば、話し手が自分の近況を聞き手に打ち明けたとします（事情があってガールフレンドと別れた）。そこで、聞き手は、一体何で別れたのかなどと詳細を聞き出そうとします。ところが話し手は、詳しい話はしたくない（いまだに傷ついている、あるいは嫌な思いをしたので忘れたい等々の理由で）とします。そんなときに使える表現です。

　要するに「その話題には触れたくないので、そっちの方向に話を持っていくのはやめた方がいい。さもないと、私は気分を害する（不快感を感じる）から」ということです。

　この表現の面白いところは、話したくないのは自分（I）なのに、アクションの主を（You）にしているところです。日本語の発想からは、どうしても主語をIで始めてしまいますが、こういう表現が使えるとネイティブの会話に近づくと言えるでしょう。You don't want to...という言い回しは、直訳すると「あなたはそんなことをしたくない」とでもなりそうですが、「そんなことしない方がいいですよ」といった忠告・アドバイスをするときの言い方です。ちなみに、want toはwannaと発音されるのが一般的です。次の例は、話を持ち出すという意味で似た表現です。

> Don't even go there.
> 「その話はしない方がいい」「そんなこと考えない方がいい」

このように言っても同じ意味です。evenを使わずに、**Don't go there.** と言っても構いません。**open up a can of worms** も、出さない方がよい話を持ち出すという意味で似た表現です(p.92参照)。

> "I wouldn't talk about that. You don't want to open up a can of worms."
> 「私ならそのことは黙ってますよ。それを話に持ち出すと、ややこしいことになりますから」

また、次の言い方も覚えておきましょう。

> "Are you thinking of getting a divorce? You don't want to go down that road. Trust me――I've been there."
> 「え、離婚を考えているの？ 経験者として言うけど、それはやめておいた方がいいよ」

直訳すると「その道を行くのはやめた方がいい」ということですが、話し相手が何か行動を起こそうと考えているときに、それを思いとどまらせるときに使う表現です。

表現

You don't want to go there.
「そのことに関しては話したくありません」

🔊 45

課題：

われわれと彼らの今までの優劣の差が、ここにきて全く逆転した。

日本人の英語
Our position and theirs are reversed. We now have the advantage over them. [または、They now have the advantage over us.]

👍 ネイティブの英語
The tables are turned.

turn the tablesとは「今まで不利だった自分の形勢を逆転し、有利な立場に立つ」という意味です。語源は、backgammonなどのようなtables gamesで、ゲームの途中でテーブルを回して自分が相手のポジションで、相手が自分のポジションでゲームを再開するというゲームのやり方がありますが、そこからきています。「ネイティブの英語」では他動詞のturnを受動態で使っていますが、**The tables have turned.** と自動詞のturnを使うこともできます。

John was struggling financially for some years, but now the tables are turned and he's doing very well.
「ジョンは長い間お金に困っていたけれども、起死回生して今は悠々自適だ」

"When Joseph Gordon-Levitt Turned the Tables on the Paparazzi" [Slate 2/4/2013]

この例文は、paparazzi（有名人をしつこく追いかけ、特ダネになるような写真を撮ろうとするフリーランスのフォトグラファー）に悩まされていた俳優のJoseph Gordon-Levittが、逆に2人のparazziにカメラを向けて質問攻めにあわせたという話のタイトルです。いつもは有名人がpaparazziに悩まされるものですが、このときは彼が優勢であったということです。ちなみに、具体的に誰に対して優勢かは、このようにonで示します。

> **Republicans turned the tables on Democrats.**
> 「立場が逆転して、今度は共和党が民主党に対して優位に立った」

以下の例文は、米国の名門liberal arts collegeであるAmherst CollegeのDean of Admissions（出願者の合否を決める部署の最高責任者）の話です。

> **When decisions are finally done, the irony is not lost on Parker that the tables will totally turn. As he puts it: "These kids that we've been tormenting now have three or four acceptance letters, and now we have to wait to see if they'll accept us."** [NPR 3/28/2011: Behind the Scenes: How Do You Get Into Amherst?]
> 「最終的に合否通知が出た後は、立場が全く逆になるという皮肉が起こるのはパーカー氏も十分承知です。氏いわく、当校合格を目指し苦しんできた学生たちが、今は3つも4つも（他の大学からも）合格通知をもらうわけで、逆に、選んでくれるだろうかと待つ立場になるのは当校の方です」

ちなみにAmherst Collegeの卒業生には、「少年よ大志を抱け」で有名なウィリアム・クラーク（後に教授）や、同志社大学の創始者、新島襄、思想家の内村鑑三などがいます。

表現
turn the tables
「今まで不利だった自分の形勢を逆転し、有利な立場に立つ」

課題：

もし顧客側が、自分たちの要求をのませようと、強硬で威圧的な態度でくるのならば、こちら側も同じように対応することになります。

日本人の英語
If the client is going to behave in an aggressive and threatening way to get what they want, then we will do the same.

👍 ネイティブの英語

If the client is going to play hardball with us, then we will play that way, too.

play hardball とは、文字通りには「野球で、軟球（softball）ではなく硬球（hardball）でプレーする」ということですが、転じて「本気で、手加減せず勝負する」「相手の立場や心情などを考慮せず、自分の欲しいものを得る（主張を通す）ために、なりふり構わず、状況によっては非情とも思われるやり方で対応する・議論する・交渉をする」という意味で使われます。

The company is playing hardball with the labor union.
「会社側は労働組合との交渉で真っ向から戦う姿勢を示している」

次の例は、いわゆるObamacareと呼ばれる医療保険制度改革に関するNational Journal (3/11/2015)の記事の見出しです。米国の保険法は州によって異なり、共和党の強い州では政府と足並みをそろえていないところがありますが、最近、諸事情が変わり、政府と歩調を合わせないと個々の州の財政上、問題が出るケースが出てきました。そういう追い風の中、オバマ政権はあえて譲歩する必要はなく、むしろ強気で改革を推進するのでは、という話。

> **Is the Obama Administration Playing Hardball on Health Care?**
> 「オバマ政権は、医療保険問題に関し、一切譲歩しないつもりか」

次の例は、ソフトバンクが米携帯電話会社スプリント買収の意向を公にした後に、米衛星放送大手のディッシュ・ネットワークがもっと良い条件で買収すると対抗してきたときのForbesの記事(4/17/2013)の見出し。

> **Why Dish Is Playing Hard Ball For Sprint**
> 「なぜ、ディシュ・ネットワークはスプリント買収のために(ソフトバンクに)仁義なき戦いを挑んでいるのか」

ちなみに、MSNBCに"Hardball with Chris Matthews"という番組があります。政治アナリストのホストが有名ゲストと激しく議論するもので、冒頭で"Let's **play hardball**!"と言って始まります。米国のメディアは、大物の政治家などに対し、容赦なく、ずばずばと鋭い質問を投げます。しかし、最後は大人同士、大抵にこやかに終わるものです。また、報道内容が気に入らないからと、メディアが後で呼び出されて文句を言われるようなことはまずありません。本当の意味で、言論の自由が機能しているのです。

> **表現**
> # play hardball
> 「相手の立場や心情などを考慮せず、自分の欲しいものを得る(主張を通す)ために、なりふり構わず対応・議論・交渉をする」

🔊 47

課題：

そのことが問題で今回の取引の話がなくなることはないですから。

日本人の英語
That issue is not significant enough to terminate this negotiation.

👍 ネイティブの英語
That's not going to be a deal breaker.

deal breakerは、『課題』のように「取引・交渉などを台無しにするもの」という意味と、状況によってはもっと広い意味で「決定・決断を最終的に左右する重大な要素・要因」という2つの意味があります。

　一般に前者の意味で使われる方が多いですが、breakerを直訳的に「破壊するもの」とネガティブに解釈すると、「重大な要素・要因」の意味が読み取れなくなるので注意しましょう。ビジネスや政治での商談や交渉の場面ではもとより、日常生活で何かを購入・選択しようとしているときなどにもよく使われます。

That was the deal breaker.
「そのことが原因（要因）で、話が駄目になった」（ネガティブな要因）
「そのことが原因で話がうまくいった」（ポジティブな要因）

上の文は過去に起こったことに関して話しているわけですが、直前に話した内容によって、また話者の立場によって、「駄目になった」のか「うまくいった」のかのどち

らかの解釈ができます。

> "I definitely want a smartphone with 4G technology. For me, 4G is the deal breaker."
> 「絶対4Gネットワークの技術を使っているスマートフォンが欲しい。私には他の機能はともかく、4G対応していることが一番重要なんです」(ポジティブな要因)

この場合、**deal breaker**は「絶対になくてはならない要素」ということです。

> The car's fuel efficiency is not that great, but that is not a deal breaker for me.
> 「その車の燃費はあまり良くありませんが、だからと言って新車購入の際の候補から落とすつもりはありません」(ネガティブな要因)

> I found out he was married with kids. That was the deal breaker. I don't date married men.
> 「彼、結婚していて子どもがいるってわかったの。だから別れたの。結婚している人とは付き合わないことにしているから」(ネガティブな要因)

このように、男女が別れた原因について使われることもあり、dealを「取引」と単純に解釈すると、こういった使い方は発想として出てこないかもしれません。

表現
deal breaker
「取引・交渉などを台無しにするもの」
「決定・決断を最終的に左右する重大な要素・要因」

🔊 48

課題:

こちらから出したオファーはまだそのままですので、そちら次第でその件に関しての話し合い(交渉)を続ける(再開する)ことはできます。

日本人の英語
The offer we made has not been withdrawn. So if you are still interested, we are willing to continue to discuss it.

👍 ネイティブの英語
Our offer is still on the table.

直訳すると「私たちのオファーはまだテーブルに載っています」ということで、まさに会議のテーブルの上に話し合いの資料を広げている状況が想像できるでしょう。**be on the table**とは「議題として上がっている」「交渉の対象となっている」という状態を意味します。

> Two issues are on the table.
> 「現在、2つの案件があります」

次の例文のように**put**を使うと「(テーブルの上に)載せる」という行為になります。この文は例えば交渉する相手同士が、本題に入る前に話し合う内容をお互いに出し合って確認するときに使えます。

Let's put everything on the table.
「(まず最初に)とにかく争点(論点)となることを出し合って、何を話し合うべきか明確にしよう」

さて、onの逆がoffですから、**be off the table**は「議題から外されている」「(提示してあったものを)引き下げた」という状況を示します。

Time is running out. If they wait too long, it will be off the table.
「時間が残り少ない。先方がぐずぐずしていると、その件は無かったことになる」

以下のコメントは、米国下院議員のNancy Pelosiが下院議長就任が決まった直後の2006年10月に、ジョージ・W・ブッシュを弾劾する意思があるかという質問に対して言った言葉。

I have said it before and I will say it again: Impeachment is off the table.
「この件に関しては前にも言いましたし、もう一度繰り返して言いますが、(ブッシュ大統領を)弾劾するかどうかという話はもうありません」

また「引き下げる」という行為を表現するときは、**take**を使って以下のように言えます。

I don't think you can take that off the table.
「それ抜きにして話は続けられないでしょう」

表現

be on the table
「議題として上がっている」「交渉の対象となっている」

🔊 49

課題:

彼女は結局、夫を説得して新しい車を買わせた。

日本人の英語
She convinced her husband to buy a new car.

👍 ネイティブの英語
She talked her husband into buying a new car.

convinceや**persuade**といった動詞がすぐに頭に浮かぶ読者も多いのではないでしょうか。上記の2つの文は文字数は全く同じですが、後者で使われている**talk someone into（doing）something**という頻繁に使われる言い回しを確認しておきましょう。これは「ある人が何かをするように説得する」という意味で、「話し合いの末」という経過が含まれています。当然ですが、その説得行為がなければそうはならなかったというのが言外にあるわけです。つまりこの場合、夫は車を買うのに反対だったか、少なくとももともと買うつもりはなかったことになります。intoの後には名詞ないしは動名詞が続きます。

He talked her into it.
「彼は彼女を説得してそれをやらせた」

I talked myself into doing it.
「自分でいろいろ考えた末にやることにした」

さてこの応用で、talk以外の動詞とintoを使った言い回しを使いこなせると、表

現の幅が広がります。何度も口に出して覚えてしまいましょう。

We argued her into it.
「彼女を説得してそれをさせた」

I was tricked into it.
「口車に乗せられた」

They deceived me into it.
「口車に乗せられた」

I could not coerce her into doing it.
「私には彼女に無理にそれをやらせることはできなかった」

They conned her into buying the defective car.
「彼らは彼女をだまして結局その不良車を買わせたのだった」

You can't scare me into buying the insurance policy.
「脅かしてそんな保険に入らせようったってだめですよ」

また、類似表現の **talk someone out of (doing) something** も覚えておきましょう。これは、「ある人があることをする決意をすでにしているのに、説得して思いとどまらせる」という意味です。

His boss talked him out of leaving the company.
「彼の上司は、すでに会社を辞める決意をしていた彼を思いとどまらせた」

表現

talk someone into (doing) something
「ある人が何かをするように説得する」

🔊 50

課題：

あー、言っている意味よくわかるよ。こっちも経験済みだから。

日本人の英語
I know exactly what you are talking about, because I too actually experienced it personally.

👍 **ネイティブの英語**
I've been there.

直訳すると「私もそこに行ったことがある」とでもなりそうですが、ここでのthereは場所を指す言葉ではありません。相手が言ったことに対して「自分も同じ経験をしたことがあり、あなたの気持ちがわかる」という意味です。どちらかというと親しい間柄、仲間内で使われる表現です。発音としてはbeenのところを強調します。そのためI'veがほとんど聞こえないか、落ちてしまうこともあります。

A: The DVD that I bought online turned out to be a pirated copy. I was ripped off.
B: I've been there.
A：インターネットで買ったDVDは海賊版だった。まったく泥棒だよ。
B：私もだまされたことあるわ。

もう1つ例を見てみましょう。

A: I just got another speeding ticket on Post Road. Everyone speeds, so why me?
B: I've been there.

A：さっきポスト・ロードでまたスピード違反で捕まった。みんな飛ばしているのに、何でいつも俺ばっかりなんだろう？
B：私も同じ経験あるわ。

以上の例のように、相手が嫌な思い、つらい思いをした、あるいはしているときなどに同情の意味で使われるケースもあれば、「そんなこと僕もやったことあるさ」「大したことないよ」といった意味で使われることもあります。

A: I'm so excited about our trip to New York this summer. I want to see some Broadway shows, visit museums, eat some nice food? I can't wait!
B: Been there, done that.

A：夏にニューヨークに行くのが楽しみ。ブロードウェイのショーを見たり、美術館や博物館に行ったり、おいしいものを食べたり……もう待ちきれない。
B：ああそんなこと、私はとっくにやったから。

Been there, done that. はI've been there and done that.が短くなったもので、要するにI've been there.と同じことですが、相手、状況、言い方によっては「自分はそんなことすでにやっているし、何の新鮮味も感じない」という意味が強く出るので注意しましょう。

表現

I've been there.

「自分も同じ経験をしたことがあるので、あなたの気持ちがわかる」「（私も経験しているので）大して特別なことではない」

Column —— 4

最初から100％伝えられなくても諦めない

ある日本人が**「その小道はくねくねと曲がっています」**と言おうとしました。ところが「くねくね」を英語でどう言っていいかわからず、The road is...と始めたものの、「あー、うー」と苦し紛れの音を発し、無言になってしまったのです。

　諦めることを知らない「ネイティブの英語」を目指す日本人だったら、以下のような流れに持っていくかもしれません。

日**The path is not straight.（その小道は真っすぐでないの）** うまく逃げました。「くねくねと曲がっている」のは「真っすぐでない」ということです。
ネ**What do you mean?（真っすぐでないってどういうこと？）** もっと説明を求めています。
日**It goes like this.（こんな具合）** と言いながら右手をくねくねと動かすしぐさ。体も使っていいのです。
ネ**Oh, you mean the path is winding.（ああ、windingしているということね）** ジェスチャーでわかりました。
日**Yes, that's it! The path is winding.（そうそう。windingしているの）** これでwindingという言葉を覚えて、忘れないでしょう。

どうでしょう。最初から一言で言えませんでしたが、何回かやり取りするうちに最終的に言いたいことは伝えられ、しかもボーナスで新しい単語も覚えてしまいました。ここでのポイントは、第一声で100％伝えられなくてもいいということです。英作文の問題を出されて解答しているわけではないのです。でもITS（p.9参照）の症状がある人は、授業中に先生にさされて問題の解答をしようとしている時のような緊張した心理状況に自らを持っていってしまい、しかも思考が硬直しているので、「くねくね」で頭を抱えて、それ以上進めないのです。

　覚えておくべきことは、会話はそもそもやり取りなので、大抵の場合、相手も歩み寄ったり、助け舟をだしてくれるということです。すぐにどう言っていいか思いつかない場合には、型にはまった発想で泥沼に入らずに、他にどういう言い方があるかを考えるクセをつける（頭をフル回転させる）と、コミュニケーションの力は伸びます。そんなことやっていると時間がかかり過ぎるという人がいるかもしれませんが、早くてもいい加減に「直訳」するのでは全く意味がありませんし、慣れると反応時間はどんどん短縮するものです。

Part 5

思考・発想・判断

🔊 51

課題：

彼はボーっとしていて、全くうわの空だ。

日本人の英語
He is in a daze and appears absent-minded.

👍 **ネイティブの英語**
He is out of it.

out of it とは「ボーっとしていて周囲に注意を払っていない」「うわの空」「自分のいる状況がよくわかっていない」といった様子を表します。

The suspected theater shooter looked out of it in court.
「映画館銃乱射事件の容疑者は出廷中、うわの空といった様子だった」

2012年7月20日に米コロラド州デンバー郊外オーロラの映画館で、『バットマン』の最新作 The Dark Knight Rises の上映中に、ガスマスクを着用した男が銃を乱射し、12人が死亡、58人が負傷しました。その事件の容疑者のJames Holmes が数日後に裁判所に出廷したときの様子を多くのメディアがこのように表現していました。一言も話さず、焦点の定まらぬ目でどことなくボーっとしていたので、何か薬でも与えられたのか、それとも精神状態に問題があるのか、などといろいろな憶測がなされました。

She seemed out of it during her speech. I couldn't follow what she was saying.
「彼女はスピーチしたものの『不在』という感じだった。何を語っているのか全くわからなかった」

He seemed kind of out of it.
「彼は何となくボーっとしている感じだった」

さて、ボーっとする原因はさまざまですが、例えば「アルコールや薬物の影響で正常な行動・判断ができない」「肉体的あるいは精神的に疲労している」「体調が悪くて注意が散漫になっている」などが考えられます。

He had no idea how he got home after the party; he was totally out of it.
「彼はパーティーの後どうやって家に帰ったか全く覚えていなかった。完璧に酔っ払っていたんだ」

このような場合は、会話をしている人たちが、ある程度事情がわかっているので、何が原因で **out of it** だったのかは了承済みということになります。ちなみに次の例のように、単に「疲れていて調子が出ない」という意味でも使います。

I felt so out of it yesterday I went to bed at 5 p.m.
「昨日は本当に疲れてしまって(調子が悪くて)、午後5時に寝てしまった」

表現
out of it
「(アルコールや薬物の影響、肉体的あるいは精神的な疲労、体調不良などが原因で)ボーっとしていて周囲に注意を払っていない」「うわの空で」「自分のいる状況がよくわかっていない」

🔊 52

課題：

その件に関する彼女の見解、解釈はどういうものなのですか。

日本人の英語
Do you know what her personal point of view or interpretation on that issue is?

👍 ネイティブの英語
What is her take on that?

take とは名詞で「自分なりのものの見方・解釈・考え」の意味で、ビジネスや日常会話でよく使われます。ある人が、ある論点、出来事などに関して、個人的にはどのような意見を持っているのか知りたいときに使える表現です。

What is your take on Obama's handling of ISIS?
「オバマ大統領のISISに対する政策に関してどう思いますか」

例えば大統領候補者のディベートなどであれば、司会者がズバリと Are you for or against President Obama's handling of ISIS?(オバマ大統領のISISへの対応の仕方に賛成ですか、反対ですか)と尋ねることがあるかもしれません。しかし、日常の会話の中ではこのように聞くとたちまち緊張感が走り、リラックスした話はできなくなるかもしれません。要するに同じことを言おうとしているわけですが、上の例文の方が堅苦しさを出さなくて済むわけです。

What is his take on gay marriage?
「彼は同性愛者(ゲイ)同士の結婚に関してどのように考えているのでしょうか」

I have a different take on it.
「私はそれに関しては(あなたとは)違う見解です」

My take is somewhat different from yours.
「私の考えはあなたの考えとはちょっと違います」

要するに、I disagree (with you).という意味ですが、時には場をわきまえてこのような婉曲な表現を使うのが、より適切であることもあるでしょう。母語でない英語で話していると、表現力に限界があるのでどうしても直接的な言い回しをしがちです。同じことを別の言葉で表現できることが、ある意味で英語上達の道とも言えるかもしれません。

ついでに自動詞の **stand** の持つ「ある立場をとる」「意見を持っている」という意味も確認しておきましょう。これは「ある程度信念を持ってある考えを貫いている」というニュアンスがあります。日本語でもまさに「立場」という表現があるのは似ていて面白いですね。

Where do you stand on the issue?
「その問題に関してはどういう立場をとりますか」

Where does she stand on same-sex marriage?
「彼女はゲイ同士の結婚に関してどういうポジションをとっているのでしょうか」

表現

What is one's take on 〜?
「(その人の)〜に関する見解・解釈・考え方はどのようなものですか」

🔊 53

課題:

問題の原因が何なのかどうもつかめない。

日本人の英語
I cannot understand the cause of the problem.

👍 ネイティブの英語

I can't put my finger on the cause of the problem.

put one's finger onとは、文字通りには「自分の指で〜に触る」ということですが、「〜が何であるかを特定する」という意味です。ただし大抵の場合、**can't put one's finger on**と否定形で、「〜が何であるかをつかめない、特定できない」「思い出せない」という意味で使われます。「指で触れない」ことから「(感触が得られないので)つかめない」と解釈してもいいかもしれません。

I remember we went to New York several years ago, but I can't put my finger on the exact year we went.
「何年か前にニューヨークに行ったのだけれど、どの年だったか思い出せない」

I know her name, but I just can't put my finger on it.
「彼女の名前は知ってるんだけど、ちょっと今出てこない」

There's something familiar about him, but I can't quite put my finger on it.
「あの人の顔どこかで見たことがあるような気がするけど、誰だかわからない」

I remember one of them did it, but can't put my finger on who that was.
「あの中の誰かがやったのは覚えているけれど、誰だったかって言われると、はっきりと思い出せない」

以上の例はみな **put one's finger on** を否定文で使っていますが、肯定文も可能です。

I think you've just put your finger on the real issue we're facing right now.
「お見事。君は今まさにわれわれが直面している問題点をついたね」

似た表現で、意味の違う **put the finger on** も確認しておきましょう。これは「（警官の前や法廷などで）～がその張本人（犯人）ですと言う」「～がやりましたと証言（非難）する」という意味です。「『あの人です』と指をさす」という感じに近いかもしれません。

The witness put the finger on the killer.
「証人は、その人が殺害者だと証言した」

表現
can't put one's finger on
「～が何であるかをつかめない、特定できない」
「思い出せない」

🔊 54

課題：

われわれは決してそんな考え方は持っていませんし、そんな人間ではありません。

日本人の英語
That's not what we believe in. We are not that kind of people.

👍 ネイティブの英語
That's not what we are about.

難しい単語は1つもありませんし、文自体も簡単ですが、実際に使いこなせるでしょうか。要するに「自分たちの考え方は決してそうではない」「われわれはそんなことはしない」「私たちが信じているのはそんなことではない」という意味で、人の信条に関して言うときによく使われます。使い方としては、まずこの文章がくる前に、主語のthatにあたる内容（当然ですが、自分たちの信条に反すること）が示されます。要するに、直前に述べたことを強く否定するときに使われます。

次の例は、Sony Picturesが、ハッカーの脅迫に屈して、北朝鮮を題材にした映画 The Interview の公開を見合わせたとして、オバマ大統領が記者会見で述べた内容。

"We cannot have a society in which some dictator someplace can start imposing censorship here in the

United States. That's not who we are. That's not what America is about." [At a White House news conference 12/19/2014]
「どこかの独裁者かなんぞが、アメリカ合衆国に検閲を強要するのを許すような社会はあってはなりません。われわれは決してそんなことで屈しませんし、アメリカはそんな国ではありません」

あえて太字にしたので、お気づきでしょうが、『課題』は次のように言ってもいいことがわかるでしょう。

That's not who we are.
「われわれ(国民)はそんなことはしません(そんな考え方はしません)」

次は、黒人青年が警察官ともみ合った結果死亡した事件がきっかけで、ミズーリ州で暴動が起こったことに関し、死亡した青年の母親が述べたものです。

"I'd say that they didn't do it in my son's name, because that's not what we are about. Some people were out there angry for their own reasons." [CNN 11/27/2014]
「彼らが略奪や暴動を起こしたのは、私の息子のためではありません。なぜならば私たちはそういったことをする人間ではないからです。あの中には、個人的な怒りをぶつけている人がいたのでしょう」

この表現は、もちろん肯定文で使うこともできます。

That's what we are about.
「それこそがわれわれの信条です」「私たちはそういう人間なんです」

表現

That's not what we are about.
「私たちは決してそんな考えは持っていませんし、そんな人間ではありません」「私たちの信じるところは、そういうことではない」

◀)) 55

課題:

まだそうなると決まっているわけではないのだから、それを前提に話をするのは時期尚早だ。

日本人の英語
At this point, we're not sure if it will turn out the way we expect. It's still premature to talk about what we want to do without knowing the outcome.

👍 ネイティブの英語
We're getting ahead of ourselves here.

get ahead of oneselfとは直訳すると「自分自身よりも先に出る」ということで、物理的にはあり得ない状態ですが、転じて「まだ時期尚早で、結果がどうなるかわからない状態なのにもかかわらず、すでに結果がわかっているかのように考え、話をする(行動をする)」「先走る」という意味になります。順序としてあることが先に起こらないと、話しても意味のないことを話すときによく使われます。

　例えば、新商品の初年度の売り上げ目標が達成されたら、営業部員に特別ボーナスが支給されることになっているとします。発売後最初の1カ月、売り上げ結果が良好だったので、ある社員が同僚とボーナスで何を買おうかといろいろと話し始めたとします。そんな時に冷静な1人が、まだ売り出したばかりで、最終的に売り上げが達成すると確定したわけではないのだから、今の時点でどうやってお金を使おうかなどという話をするのはまだ早い、という意味で次のように言うかもしれ

ません。

You're getting ahead of yourself.
「そこまで考えるのはまだ早いよ」

また、『課題』のネイティブの表現はこのように言っても同じことです。

Let's not get ahead of ourselves.
「まだ先走るのはやめよう。まだ、結果が決まったわけではないのだから」

さて、類似表現に **jump the gun** があります。これは「よーいドンの鉄砲の音が鳴る前に飛び出す」というのがもともとの意味ですが、転じて「早とちりをする」「時期尚早に行動を起こす」という意味で使われます。

Don't jump the gun.
「早とちりをしないこと」

2008年11月4日の大統領選でオバマが勝利し、初の黒人大統領が誕生しましたが、選挙中オバマは、自分が大統領になったら具体的に誰をアドバイザーにしようと考えているという話をしたことに対して、対立候補のマケインがこのようにコメントしていました。

Senator Obama is jumping the gun, acting like he's already won (the presidency).
「オバマ上院議員は、(まだ投票も始まっていないのに)もう大統領になった気分でいる」

表現

get ahead of oneself
「まだ時期尚早で、結果がどうなるかわからない状態なのにもかかわらず、すでに結果がわかっているかのように考え、話をする(行動をする)」

🔊 56

課題：

100％確信は持てませんが、私の知る限りでは、その質問に対する答えはノーです。

日本人の英語
I'm not 100 percent sure, but as far as I know, the answer to your question is no.

👍 ネイティブの英語
Not that I know of.

決まりきった言い方なのでそのまま覚えてしまいましょう。決して難しい表現ではありませんが、日本人の中には使いこなせない人が結構いるようです。何か質問をされて、それに対する答えがNo.だと思うけれども、ひょっとしたらYes.である可能性も全くは否定できない、断定を避けたいときに使える便利な表現です。従って通常Yes/Noの答えを求める質問文への返答になります。

Doctor: Do you have any allergies?
Patient: Not that I know of.

例えば、このように医者から「あなたは何かアレルギーがありますか」と尋ねられたとしましょう。そこで、100％確信しているのなら、No, I don't.とキッパリ答えればよいわけですが、代わりに **Not that I know of.** と答えると「自分の知

る限りではアレルギーはありません」という意味になります。ちなみに、そこでI don't know.（知りません）などと言うと、自分のこともよくわかっていない変な人と思われるかもしれませんので要注意。

> A: Is he coming to the party?
> B: Not that I know of.
> A：彼はパーティーに来るの？
> B：来ないと思うけど。

次の例は、2008年12月に汚職・贈収賄などの容疑で逮捕され、後に弾劾されたイリノイ州の元知事のRod Blagojevichに関する記事の一部です。イリノイ州では、バラク・オバマが大統領になったことで、上院議員のポストに空きができていました。Blagojevichは知事として、その後任を選出する権限がありました。そこで、めぼしい人たちに、最も多くの裏金を調達できる人を任命するとほのめかしていたのが発覚したのです。逮捕当日に彼の弁護士に対して、リポーターがBlagojevichは辞任するつもりなのかという質問をしたとき、弁護士はこう答えました。

> "Not that I know of, no," said Sorosky, who added that the governor was "surprised" by the day's events, but his spirits are "good." [Politico.com 12/09/08]
> 「『そんなことは聞いていない。いや、そんなことはない』と弁護士のソロスキーは言い、知事は今日こんな事態になって驚いてはいるが、元気だと付け加えた」

Not that I know ofといったん歯切れの悪い言い方をしたものの、すぐにそこでNo.と言い直しました。事があまりに急展開したので、メディアに対してどう考えるか準備ができていなかったのでしょう。

表現

Not that I know of.
「私の知る限りでは、（答えは）ノーです」

🔊 57

課題:

今ここでいくらぐらいかと聞かれても、もう少し情報がないとはっきりした金額はわかりません。ただ、大体100ドルぐらいだと思います。

日本人の英語
I cannot say exactly how much it costs since I don't have enough information right now. But I think it should be around $100.

👍 ネイティブの英語
Off the top of my head, it should be around $100.

off the top of one's headは直訳しようとすると「頭のてっぺんから離れて」とでもなりそうですが、これは「(何かを)十分に時間をかけて考えずに、その場で言うと」「準備なしに、何も調べずに、今自分の頭の中にある情報だけで言うと」という意味です。語源ははっきりしませんが、「頭の中でしっかりと考えずに、頭の外で考える」と考えればいいかもしれません。時々、どうしてそういう意味になるのか、ということにこだわる人がいますが、言葉にはこの例のように、はっきりとした語源や説明がつかないものが多いのです。あれこれと考えずに、割り切ってそのまま単純に受け入れるようにしましょう。

Off the top of my head, I'd say we'll increase our profit by 50 percent this year.
「まあ、今年はざっと50％の増益となるだろう」

off the top of one's headを文尾にもってくることもできます。次の2つの例は否定文なので、「今この場では情報が十分にないので何とも言えない」、つまり、「調べないとわからない」という意味になります。

I don't know how many in total off the top of my head.
「合計でいくつになるかはちょっと調べないとわからない」

I don't know the answer off the top of my head.
「その質問に対しては、ここでは(情報が十分にないので)何とも言えません」

また、「即興で」といった意味で使われることもあります。

She recited the poem off the top of her head.
「彼女は皆の前で、即興で詩を朗唱した」

次の例は、「(一生懸命に考えなくても)難なく、すぐに」という意味です。

He can tell you the correct amount off the top of his head.
「彼に聞けばすぐに正確な数字を教えてくれますよ(常に頭の中に入っていますから)」

表現
off the top of one's head
「(何かを)十分に時間をかけて考えずに、その場で言うと」「準備なしに、何も調べずに、今自分の頭の中にある情報だけで言うと」「即興で」「(一生懸命に考えなくても)難なく、すぐに」

🔊 58

課題:

彼はまだ決めてはいませんが、どちらかというとその仕事を引き受ける可能性の方が高いようです。

日本人の英語
He hasn't made up his mind yet, but he's more likely to accept the job offer than not.

👍 ネイティブの英語
He is leaning toward accepting the job offer.

be leaning toward とは、「〜の方向に傾いている」という意味で、文字通りの物理的な意味で用いられる以外に、「〈人の考え方・意見・行動などが〉ある方向に傾いている」「どちらかというと〜する気分である」という意味でも使われます。

次の例は *New York Daily News* の記事です。2009年1月に、就任したばかりのオバマ大統領が、CNNの医療関係のリポーターである Dr. Sanjay Gupta を Surgeon General（米国公衆衛生局長官）に任命しようとアプローチしていたことがわかりました。Dr. Gupta は CNN の人気リポーターで、神経外科医でもあります。

Gupta, 39, is leaning toward taking the job as the nation's top public health official, but sources familiar with the offer cautioned, "It is not a done deal yet." [A 'sexy' top doc 1/7/09 p.8]

「グプタ氏(39歳)は米国公衆衛生局長官のポジションを引き受ける方向で考えているようだが、関係筋の話では『まだ決まったわけではない』ということだ」

a done dealとは「成立した取引」「もうやると決まったこと」という意味です。結局はその後、Dr. Guptaは候補者としての立場を辞退しました。

また、**be leaning toward**に似た表現に、**be inclined to do**があります。inclinedは「傾いた」という意味です。

> He is inclined to accept the job offer.

2008年の12月、ヒラリー・クリントンがニューヨーク州の上院議員を辞めて国務長官になるため、ニューヨーク州知事が彼女の後任を任命することになりました。その当時の有力候補はジョン・F・ケネディの娘のキャロラインと考えられていました。仮に彼女が任命されると、2010年には上院議員選挙があり、出馬の意思を表明してきた下院議員のPete Kingはキャロラインと選挙戦を争うことになります。人気のあるキャロラインの対抗馬としてあえて出馬するのかという質問に対して、Kingは次のように言いました。

> It makes me more inclined to run than ever.

「彼女が相手なら、今まで以上にますます出馬する意欲がわいてくるというものです」

表現
be leaning toward＋名詞／動名詞
be inclined to do
「どちらかというと〜する気分だ」

🔊 59

課題：

彼女はここの(社内の)仕組みや人間関係をよく知っているので、どうすれば仕事をうまく運べるかよくわかっている。

日本人の英語
She knows very well how things work in this organization and who to deal with to get her job done.

👍 ネイティブの英語
She knows her way around here.

know one's way around はいろいろな場面で使えるとても便利な表現で、状況によって「(自分のいる環境の中で)どのようにすれば物事がうまく進むかを熟知している」「〈組織などが〉どのような仕組みになっていて、誰に相談すればやるべきことができるかわかっている」「どうすれば社会で生き残れるかわかっている」「勝手を知っている」といった意味になります。

さて、『課題』の日本語の中では「社内」「仕事」などの言葉を使って職場を想定していますが、この「ネイティブの英語」の例文は職場だけで使われるわけではありません。一般に表現は、場面や状況によって異なった解釈が考えられるので、単純に日英訳と英日訳が双方向に一対一に対応しない点に注意しましょう。

"Trust me. I know my way around the kitchen."
「まかしておいてよ。台所の勝手はよくわかっているんだから」

次の例のようにaroundの後に対象となる場所、物が続かない場合もあります。

"Don't worry about him. He knows his way around."
「心配要らないよ。彼はしっかりしているから(放っておいても1人でうまくやっていけるよ)」

また、**know one's way around**は文字通りの「周辺の道に詳しく、どうすればうまく要所要所にたどり着けるかを知っている」という意味でも使われます。

"I just moved here a couple of weeks ago, so I don't know my way around town yet."
「この街に2、3週間前に引っ越してきたばかりで、まだ右も左もわからない状態なんです」

ついでに似たようなaroundの使い方も確認しておきましょう。

The subways are the best way to get around town (New York City).
「この街(ニューヨーク)は地下鉄が一番便利ですよ」

この**get around**は「(いろいろな場所に)移動する」という意味です。

> 表現
>
> # know one's way around
> 「(自分のいる環境の中で)どのようにすれば物事がうまく進むかを熟知している」「勝手を知っている」

課題：

彼の言ったことをそのまま素直に受けとめればいいんだよ。彼がそれ以外のことをほのめかしたとは思えない。

日本人の英語
You should just interpret his words literally. I don't think he was implying anything else.

ネイティブの英語
You're reading too much into his remark.

read A into Bとは「B（人の言動・態度・行動など）を文字通りにとらえずに、それにはA（何か言外の意味など）があると考える」「自分の解釈を追加する」「深読みする」という意味です。readだからといって何か書かれたものを読んだことに関してだけとは限りません。むしろ、聞いたこと、見たことに関して言うことの方が多いでしょう。

Don't read anything else into it. She meant exactly what she said.
「考えすぎない方がいいよ。彼女は別に何か含みを持たせたわけじゃないから」

このように、一般に「〜を考えすぎる、深読みしすぎる」という意味で使われることが多く、特に「ネイティブの英語」のように **read too much into something** という形でよく使われます。

> Am I reading too much into your comments?
> 「言っていることをそのままうのみにしていいのかな？」

次の例は、2012年7月6日にWhite Houseの公式サイトに載った雇用統計の解釈に関する政府の見解の一部です。

> "Therefore, it is important not to read too much into any one monthly report and it is informative to consider each report in the context of other data that are becoming available."
> 「従って、ある特定の月の雇用統計レポートだけを見て、雇用環境がどうなっていると結論を出さないことが大切で、次々に公表されてくる他のデータと照らし合わせながら、総合的に分析することに意味があるのです」

逆の状況でよく使われる表現として、おなじみの **read between the lines** があります。日本語で言えば「行間を読む」が近いでしょうが、「真意をつかむ（理解する）」「相手が本当に言おうとしている、考えていることをくみ取る」ということです。この表現も必ずしも書かれたものに関してだけではなく、誰かの発言などに関しても使われます。

> Learn to read between the lines. Don't take everything literally.
> 「相手の真意を読み取るように努力しなさい。すべてをうのみにしないこと」

表現

read too much into something
「〜を考えすぎる、深読みしすぎる」

🔊 61

課題：

その件に関しては、基本的には楽観的に見ていますが、それと同時に、何かがうまくいかないこともありうるので、注意して見守っています。

> **日本人の英語**
> I'm basically optimistic about it, but at the same time, I'm staying cautious because anything could go wrong.

👍 ネイティブの英語
I'm cautiously optimistic.

cautiously optimistic とは「事の成り行きに関して、一応楽観視しているものの、現実には自分が期待している方向に事が進むとは限らないので、もしそうなった場合の心の準備はできている」という意味です。よく政治家などが使うフレーズで、明るい展望を打ち出す一方、万が一うまくいかなかったときの対応も考えているというニュアンスがあります。

　この表現はoptimistic（楽観的な）という言葉を、cautiously（用心深く、慎重に）という一見相容れないような言葉で修飾している点が面白いところです。ちなみにこれは、いわゆるoxymoron［矛盾する言葉を組み合わせた表現］とも言えます。例えば、Act naturally.（自然に振る舞え）とか、the same difference（どっちも似たようなもの）といった表現もoxymoronと言えるでしょう。また、皮肉で

honest politician/salesman（正直な政治家/セールスマン）などをoxymoronという人もいます。さて、余談はそれぐらいにして、例文を少し見てみましょう。

> President Barack Obama said he's "cautiously optimistic" that he'll clinch a win on Election Day if enough Americans come out and vote. [WSJ BLOG 11/6/2012]
> 「オバマ大統領は、投票日当日の投票率が期待通りであれば必ず再選できると、予断を許さないものの楽観視していると言った」

> [Secretary of State] Kerry, likewise, sounded cautiously optimistic. [Kerry, Iranian minister hail 'constructive' first meeting (CNN 9/26/2013)]
> 「ケリー国務長官も同様に、予断を許さないものの楽観的な話し振りだった」

近い将来に起こりうることに対する気持ちの持ち方という意味で、次の表現も確認しておきましょう。

> Expect the unexpected.
> 「何が起こっても驚かないように気構えておくこと」

expect the unexpectedは「全く予測していないことが起こりうることも覚悟しておく」ということです。これもある意味でoxymoronと言えるかもしれません。

表現
cautiously optimistic
「事の成り行きに関して、一応楽観視しているものの、現実には自分が期待している方向に事が進むとは限らないので、もしそうなった場合の心の準備はできている」

🔊 62

課題:

彼女の話は、とても他人事とは思えず、心にしみます。

日本人の英語
Her story really affects me personally and intimately.

👍 ネイティブの英語
Her story hits too close to home.

close to home とは「〈誰かの発言などが〉自分にとっても当てはまる」「〈ほかの人に起こったある出来事が〉自分にとっても起こる可能性があって、他人事とは思えない」「明日はわが身」ということ。しばしば **hit (too) close to home** という形で、「他人事とは思えず、深く考えてしまう」という意味で使われます。

The TV drama about a suicidal teenager hit a little too close to home.
「あるティーンエージャーが自殺を考えるというあのテレビドラマは、ちょっと他人事とは思えず、考えさせられた」

Her comments were a bit too close to home.
「彼女の発言は、自分にも当てはまる気がして、聞いていてちょっとこたえた」

次の例は、カリフォルニア州で起きた銃乱射事件に関する記事です。

The Dec. 2 shooting rampage hit too close to home. And that these perpetrators claimed to practice the same faith as mine makes it even more difficult. [The Huffington Post, "As an American Muslim, the San Bernardino Massacre Hit Too Close to Home" 12/11/2015]

「12月2日の銃乱射事件は個人的に深く考えさせられるものでした。しかも、犯人たちが私と同じ宗教を信仰していると言っていたのが、余計につらいです」

次は、同事件を違った視点から見たものです。

Matt Nicholson, a 23-year-old Redlands resident, said he had thought about buying a firearm in the past. But the attack that claimed 14 lives Wednesday at a San Bernardino social services center—five miles from Gun Boss Armory—made him decide to buy a gun.
"It was a little too close to home," he said. [Los Angeles Times 12/9/2015]

「レッドランド在住の23歳のマット・ニコルソンさんは、以前も銃器購入を考えたことがあった。しかし、水曜日に14人が殺害されたサンバーナディーノの社会サービス・センター襲撃を機に、そこから5マイルほどのところにあるガン・ボス・アーモリー（銃器店）で購入を決めた。『ああいうことがこのあたりでも起こるというのは、ちょっと他人事とは思えないですからね』と彼は語った」

表現

close to home

「〈誰かの発言などが〉自分にとっても当てはまる」「〈ほかの人に起こったある出来事が〉自分にとっても起こる可能性があって、他人事とは思えない」「明日はわが身」

Column —— 5

浴びるように英語を聴く？

赤ん坊が言葉を身につけるように、英語になんとなく触れていれば、自然に英語が身につくと考える人がいます。しかし、そういう学習環境を作るのは非現実的です。例えば、日本語で考えてみましょう。**「気が利く」**という表現は、日本語のネイティブである私たちにとってはなじみの表現**「ネイティブの日本語」**です。つまり、比較的頻繁に使われると言っていいでしょう。ただ日本語を学んでいる外国人にとっては必ずしも簡単ではないのです。なぜでしょう。1つの理由は、日本語ネイティブの私たちも、その意味を説明してくれと言われても、一言で即答するのは結構難しいからです。感覚的に意味を理解していると言っていいでしょう。ここで理解すべきことは、日本人の話す本物の日本語を理解し、話すようになるには、こういった表現を避けて通ることはできないということです。

それでは、「気が利く」は実際にどのぐらいの頻度で使われるのでしょうか。ここで言う「使う」とは、自分で使うのと、他の人が使うのを聞く、両方を含めます。個人差はあるとしても、毎日耳にすることはないでしょう。1カ月に1回も多い気がします。そこで仮に3カ月に一度（年に4回）としましょう。

仮にわれわれネイティブは一日10時間日本語を話したり、読んだり、書いたりしているとすると、1年間で3650時間、日本語に浸かっていることになります。その間、4回「気が利く」に触れたとしたら、平均で3650/4＝912.5時間に一度触れることになります。

そこで、日本語を母語としない人が、毎日1時間日本語に触れたとしたら、確率的には913日に一度「気が利く」に巡り合うことになります。つまり、土日祝日休暇も休まずに2年半かかります。毎日2時間勉強して、1年3カ月です。これは逆に考えれば、日本人が英語を学ぶ場合も同じです。要するに、ネイティブの表現は、なんとなくその言葉に触れているだけでは、いつまでたっても蓄積できないということです。英会話学校に週に何回か通ったとしても、触れる英語の量は大したものではないのです。

私は、意識的に時間を作って、「ネイティブの英語」を覚える努力をすることを勧めます。表現集を使って、何度も声を出して練習するというのも手です。また、映画や本などで出合った「これはどこかで使える」という表現をひかえて、覚えて蓄積する努力も大切です。もちろんネイティブと英語で話す機会のある人は、面白い表現を聞くたびにそれを記録して、後で復習するというのも効果的でしょう。ぜひ頑張ってください。

Part 6

その他

🔊 63

課題：

彼はなかなか世渡り上手の賢い人間だ。

日本人の英語
He is shrewd and has the skills and knowledge necessary to survive in a tough urban environment.

👍 ネイティブの英語
He's street-smart.

street-smartとは、日本語にすると「世渡りがうまい」といった感じでしょう。要するに「都会の雑踏の中でも賢く生き抜いていくだけの力を持った」という意味の形容詞です。street(s)には「治安の悪い地域」というニュアンスもあるので、もともとはそういう環境でも生き残る素養と知恵を持った、という意味だと理解してもいいでしょう。

また「世の中をしたたかに生きる」「処世術にたけている」といった意味で、ビジネスや人付き合い一般でも使えます。人物像としては、まず人を見る目があり、大抵の人とうまくやっていける、素早く適切な判断ができる、自己防衛がうまい、だまされない、といったタイプと言えるでしょう。

気をつけたいのは、**street-smart**は必ずしも褒め言葉ではないという点です。こういったスキルや知識は学校で学ぶことではなく、自らの生活環境の中で身につけるわけで、そういう意味で、賢いが、しっかりした教育は受けていない、また、あまり良い育ちではないというニュアンスもあります。

ちなみに**street-savvy**も同様の意味で使われます。

She is street-savvy, intelligent and tough.
「彼女は世渡りがうまく、知的で、しかもタフだ」

これとは逆に、**book-smart**（お勉強していて、知識はある）という表現もあるので、覚えておきましょう。

She's book-smart but has no people skills.
「彼女は頭でっかちで、人付き合いが全く駄目だ」

同様にこれも、「人間性や対人関係という意味では足りないところがある」「世間知らず」といった否定的なニュアンスもあるので、使い方には注意しましょう。

さて、私はビジネススクールを出た後、短い期間ですが、ある製造業社に勤めたことがあります。オーナー社長のワンマンなやり方が好きになれず、まだ若かった私は、嫌悪感をあまり隠しませんでした。ある日、あるエグゼクティブ（社長のゴマすりでイエスマン）からYou've got to be **street-smart**.とアドバイス（忠告?）を受けたのでした。要するに、「社長の前ではもっとうまく立ち回らないと駄目だよ」ということですが、言外に「MBA持っているらしいけど、それだけじゃね」というイヤミを込めていたのはすぐにわかりました。あれからかれこれ30年。今でも **street-smart** を耳にするとあの会話を思い出してしまうのは、よっぽど不快感を感じたからなのでしょう。

ちなみに、次の例のように **street smarts** の形で名詞として使われることもあります。

She's got street smarts.
「彼女は世渡りがうまい」

表現

street-smart
「世渡りがうまい」「処世術にたけている」

課題：

何で私はいつも貧乏くじを引くことになるのだろう。納得がいかない。

日本人の英語
Why do I always end up not getting what I deserve while others get what they want? It's not fair.

👍 ネイティブの英語
Why do I always get the short end of the stick?

get the short end of the stickとは「棒の短い方をつかむ」とでも読めそうですが、「何かの結果として、好ましくない状況に陥る」「結局損をする立場となり、不公平な扱いを受けたと感じる」「結局（他の人たちと比べ）損な立場に置かれる」「貧乏くじを引く」といった意味で使われます。

また次の例ように、**end up with**を使って、「とどのつまりは」「最終的には」という意味を強調することもできます。

I always end up with the short end of the stick.
「結局最後にはいつも僕が貧乏くじを引くことになるんだから」

The government agency needs to improve its oversight of how contractors use public money so that taxpayers don't get the short end of the stick.

「当該の政府機関は、請負業者がどのように国民の血税を使っているのか、よりしっかりとした監督をすることが要求される。納税者が食い物にされないために」

次の例は、米国政府は国民がマイホームを購入するのには、さまざまな援助や補助をしてきているが、賃貸住宅利用者に対してのサポートはなされていないという話。

Homeownership has long been central to the American Dream, supported by a system of government incentives and subsidies in place for generations. Meanwhile, increasing rents, stagnant wages and inadequate federal support have made rental housing less affordable for more people. The public feels that renters should no longer get the short end of the stick. ["Renters Face an Affordability Problem" NYT 7/16/2014]

「マイホームを持つことは、まさにアメリカン・ドリームの核であり、長い間、米国政府のインセンティブや補助によって培われてきた。一方、賃貸住宅に関しては、賃貸料の上昇、賃金の停滞、また政府が賃貸利用者に十分に援助をしてこなかったことが理由で、賃貸物件に手が届かない人たちが増えてしまった。賃貸する人たちは、これ以上政府からないがしろにされるべきではないと、国民は感じているのだ」

表現

get the short end of the stick
「結局(他の人たちと比べ)損な立場に置かれる」「貧乏くじを引く」

🔊 65

課題：

ばたばたしていたものですから。

日本人の英語
I've been very busy.

👍 ネイティブの英語
It's been crazy.

「ばたばた」は、具体的になぜ忙しかったのかということにふれずに済む便利な表現で、普段よく使われます。もっとも、意味があいまいなため、状況によっては何か言い訳をしているようにも取れます。要するに「あわただしく物事をするさま」あるいは「あわただしさま」で、「忙しく、落ち着きのない状態」を表します。

これを単純に I've been busy. と言うと、主語に「I」を使っていることもあり、何となく自己中心的な発言にも聞こえ、相手によっては「忙しいのはあなただけではない。こちらだって忙しいんだ」と思う人もいるでしょう。そこで **It's been crazy.** と言えば、「自分のいる環境」が今まであわただしい状態が続いていたというニュアンスを出せます。

> Sorry I couldn't get back to you sooner. It's been crazy.
> 「すみません、返事をするのが遅れてしまって。ちょっとばたばたしていたものですから」

> It's been crazy this past month——I'm glad it's over.
> 「この1カ月とんでもなく忙しかったけど、どうにか終わってよかった」

もっとくだけた感じで **crazy busy** という言い方をする人もいます。

> It's been crazy busy here. I had five back-to-back meetings and missed lunch.
> 「こっちはもうとんでもなく忙しくて。立て続けに5つの会議に出て、ランチも食べられなかった」

ちなみに **I've been crazy busy.** と「I」を主語にする人もいますが、その場合は「自分のいる環境(他の人も含めて)」というよりは「自分自身」があわただしくしていたというニュアンスが強くなります。

また、類似表現に **swamped** があります。swampとは名詞で「沼地」「湿地」、動詞では「水浸しにする」という意味がありますが、swampedと受け身にすると「身動きが取れないほど忙しい」「仕事の量に圧倒されている」という意味になります。

> I meant to call you last week, but I was swamped.
> 「先週連絡しようと思っていたんだけれど、もう忙しくて身動きが取れなくて」

ついでに **tied up** も覚えておきましょう。「(縄などで)しばりつけられて」という意味もありますが、ここでは「忙しくて身動きが取れない」ということです。

> I was tied up and couldn't get to the phone.
> 「ちょっと手が離せなくて、電話に出られませんでした」

表現
It's been crazy.
「ちょっとばたばたしていました」

🔊)) 66

課題：

彼女もうちの会社に入ってからしばらく経ったわけだから、新入社員として特別扱いする時期は過ぎた。そろそろうちのビジネスに貢献してもらわないと。

日本人の英語
She is no longer a new employee, so we should expect her to start contributing to our business.

👍 ネイティブの英語
The honeymoon is over. She should start producing.

The honeymoon is over. は、直訳すれば「ハネムーンは終わった」ということで、結婚した相手同士が、新婚アツアツ、ウキウキの期間を過ぎ、現実を見つめなければならない時が来た、という意味です。実際にそういう意味で使われることもありますが、むしろビジネスや政治などのコンテクストで、「新しく築かれた人間関係だったので、当初はお互いに様子をうかがいながら気を使って特別に友好的に振る舞っていたが、今となっては現実を見つめて付き合わなければならない」といった意味で使われます。

　ちなみに、例文のproduceという動詞はビジネスではよく使われ、「実績・業績を出す・残す」という意味です。

"Obama and Hollywood: The Honeymoon Is Over"
[ABCNews: 3/4/2011]
「オバマとハリウッド：ハネムーンは終わり」

これは、ハリウッドの人気俳優のマット・デイモンが、当初オバマが大統領候補だったときから強くサポートしていたものの、大統領になってからの政策に強い不満をあらわにしたという記事の見出し。大統領に限らず、誰でも新任となった直後は、多くの人の期待も大きく、また新しい大統領の誕生ということで、周りも批判するよりは温かい目でまずは見守るという傾向があります。特にハリウッドの役者にはデイモンを含めてリベラルな人が多く、オバマ・サポーターが多いのですが、彼のような大物がそういう非難を公にするのはオバマにとっては痛手です。やはり、一定期間に結果を出せないと、その人の評価は急降下する可能性があるということです。

"Most new CEOs get a honeymoon period from Wall Street, partly because of optimism that a new leader will bring fresh energy and vision to the job... For Microsoft CEO Satya Nadella, the honeymoon lasted almost one year." [USA TODAY: 1/27/2015]
「大抵の新任CEOは、一定期間は株式市場から好意的に迎えられる。1つには、新しい指導者が組織に新しい息吹を吹き込むだろうという期待感があるからだ……。マイクロソフトのCEOサトヤ・ナデラの場合、ハネムーンは1年近く続いた」

表現
The honeymoon is over.
「（新しく築かれた人間関係だったので、当初はお互いに様子をうかがいながら気を使って特別に友好的に振る舞っていたが）今となっては、（厳しい）現実を見つめて対応しなければならない」

🔊 67

課題:

私は新しくできた規定は満たさないので、本来なら今までやってきたことはできなくなるのだけれども、(先方は)これまでの経緯を考慮してくれて、例外として特別に継続できるようにしてもらった。

日本人の英語

In normal circumstances, the new rule would not allow me to continue doing what I have been doing. However, they recognize my existing relationship with them and therefore have decided to exempt me from the new rule. As a result, I am permitted to continue doing what I have been doing.

👍 ネイティブの英語

I was grandfathered.

grandfatherは名詞で「祖父」という意味ですが、他動詞として「(既存のメンバー・組織などの中には、新ルールを適用すると資格を失う者もいるが)これまでの関係を考慮して、例外として今まで通りの待遇(扱い)を許す」という意味で使われます。例えばある組織で、会員になる条件をより厳しくしたら既存会員の中で条件を満たさないものが出てきたが、特別待遇にするというような場合です。

We will grandfather the existing customers.
「既存の顧客は(新しい契約条件を適用せず)今まで通りの扱いにします」

語源は19世紀後半ごろに米国南部にあった投票権取得に関する条項

grandfather clauseから来ています。祖父に投票権があった者は無条件で投票権を与えられるというもので、本当の目的は南北戦争での敗北で投票権を失った南部の白人に投票権を与え、しかし黒人からははく奪するという南部州の人種差別政策でした。つまり黒人の場合、その当時祖父が投票権を持っているものはまずいなかった（奴隷だったか、あるいはアフリカにいた）のに対し、白人は祖父が投票権を持っていたからです。

次の例文は、オンラインDVDレンタルおよび映像ストリーミング配信会社のNetflixが料金の引き上げを発表したときの記事。

> More than half of Netflix subscribers have been grandfathered into the lower prices, the company said.
> [CNN Money 4/19/2016]
>
> 「ネットフリックスの契約者の半数以上が、値上げを受けず今までの料金で継続となった、と会社側は説明した」

次の例は2001年7月21日のThe Wall Street Journal（北米東海岸版）の記事で、世界最大の保険会社AIGが中国で外国企業として唯一100%出資の支店を持つことを許されたという話です。中国では外資系企業の出資比率は最高50%までしか許されなかったのが、AIGだけ特別扱いとなったのです。というのも、実はAIGはもともと中国からスタートした会社で、100%出資の支店が既にあったのです。

> That U.S. deal grandfathered AIG's existing 100%-owned insurance branches in China.
>
> 「米国政府の（中国側との）交渉の結果、中国にあるAIG100%出資の保険業務を行う既存支店は、継続してそのステータスを保つことを許された」

表現

grandfather

「（新しい規則ではもはや許されないのだが）既存の関係を考慮して、特別待遇として今まで通りの特権（ステータス）を許す」

🔊 68

課題：

そのプランに関してはまだ最終的に決まったわけではないので、必要であれば変更することは可能です。

日本人の英語
The plan has not been finalized yet, so we can still change it if necessary.

👍 ネイティブの英語
The plan is not carved in stone.

be carved in stoneは文字通りには「石に刻み込まれる」ということですが、転じて「もう決まってしまって、変えることができない」という意味です。石に刻み込んだ文字・文章は、消して書き直せないことを考えれば容易に理解できるでしょう。例文のように、よく否定形で「まだ本決まりでない」「変更の余地はある」といった意味で使われます。

　この表現は私が30代のころ、上司だったBobがよく使っていたのを覚えています。特に人とのいろいろな駆け引きがある営業の世界にいると、面白いネイティブの英語表現が次々と出てくるもので、よく会議中などにノートの脇に書き留めたりしたものでした。これもその1つでした。

　be carved in stoneは意味からして当然ですが、plan、rule、schedule、agendaといった、話し合いなどをして決定するものがしばしば主語になります。

The agenda isn't carved in stone.
「議題に関しては、まだ手を加えることができます」

The schedule is carved in stone.
「予定はもう決まりました(変更できません)」

また、carved以外にもよく使われる単語があります。

The schedule isn't written in stone.
「スケジュールはまだ決まっていません」

It's not cast in stone.
「それはまだ変更可能です」

Our business plan isn't set in stone.
「われわれのビジネス・プランはまだ完全に決まったわけではありません」

be castは「(液状の金属などを)型に流し込んで固める」、**be set** は「(コンクリートや石こうのような軟らかいものを)固化させる」という意味。

We were never carved in stone.
「考えてみれば、僕たちは別に永遠の愛を誓い合ったわけでもなかったしね」

1990年に大ヒットしたGo Westの「King of Wishful Thinking」という曲の一節。彼女に振られた男が、悲しみから立ち直ろうとして、自分に言い聞かせる一言です。

表現

be not carved in stone
「本決まりでない」「最終的に決まったわけではない」
「(必要なら)変更が可能だ」

🔊 69

課題：

(この仕事をしている限り)そういうことはつき物なんです。(好むと好まざるとにかかわらず)それは立場上やらなければならないのです。それも(残念ながら)仕事のうちなのです。

日本人の英語
As far as one is in this business, he or she has to accept it as part of the job (no matter how unpleasant it may be).

👍 ネイティブの英語
It comes/goes with the territory.

come/go with the territory とは直訳すると「〈主語に当たるものが〉その縄張りに一緒についてくる」ということですが、転じて「(それは)ある状況や立場にいるとどうしても仕事や責任としてやらなければならない事だ」「必然的についてくる事、条件である」という意味になります。特に「決して好ましいことではないのだけれども容認するしかない」「避けることはできず、受け入れるしかない」というときに使われます。

> Sometimes you have to deal with difficult customers. It comes with the territory.
> 「たまにはいやな客も相手にしなきゃならない。それも仕事のうちだから」

『課題』の日本文の中にあるように、意味として「仕事」に関して使われることが多いですが、別に仕事以外のことでも使われます。

The public attention that famous people get just goes with the territory.
「有名人が周りの人からじろじろ見られるのは仕方がないことです」

また、**come with the turf**という表現も同じ意味で使われます。turfとは「(マット状になった)芝生」のことですが、territory の意味としても使われます。

It comes/goes with the turf.

次の例文は2007年のシーズンを最後にニューヨーク・ヤンキースの監督を退いたJoe Torre氏の言葉です。12年間いたヤンキースから受けた契約更新のオファーをけって、次の日の2007年10月19日に記者会見をしたときのものです。球団オーナーのGeorge Steinbrenner氏との交渉を振り返っての発言です。

"He played the bully, and that was fine with me, because it goes with the territory."
「ジョージは(いつもの調子で)ガンガンひどいことを言ってきましたけど、僕は別に気にしませんでした。それも仕事の一部だと思っていますから」

ここでのplay the bullyとは「すごい口調で脅す」という意味です。ちなみにSteinbrenner氏はタフなオーナーとして知られていました。

表現

come/go with the territory
「(与えられた状況、地位、仕事、専門領域などにいる限り)避けることのできない、当然ついてくるものである」

🔊 70

課題:

I-95(米国東海岸沿いに南北に走る高速道路 Interstate 95)は事故、渋滞や遅れもなく、順調に流れています。

日本人の英語
There are no accidents, congestions or delays on I-95, so cars are moving smoothly.

👍 **ネイティブの英語**
I-95 is in good shape.

be in good shapeとは直訳すると「いい形である」とでもなりそうですが、ここでは「〈物や人が〉良い状況にある」ということです。ちなみにここで使われているshapeとは「ある時点での物あるいは人の状態や様子」という意味です。課題の「ネイティブの英語」はラジオの交通情報などでよく聞かれる表現です。ここで意識したいのは、「事故」「渋滞」「遅れ」といった言葉を使わなくても、言いたいことを伝えられるということです。このように伝えたいメッセージの全体の意味を把握して、適切な表現を使うことが大切で、こういった表現力は一字一句を直訳していると身につきません。**be in good shape**はつぶしの利く、便利な奥の深い表現といえるでしょう。ぜひ使いこなせるようにしたいものです。

He's in good shape.

これも状況によって「整った体型をしている」または、「精神的に安定している」「(学業などを)うまくやっている」「(競技などに参加している人に関して)いい線いっている」「与えられた期限までに何かを完了できる」などという意味で使われます。また人以外のことにも使えます。

> My car is old, but it's in good shape.
> 「私の車は古いけど調子はいいよ」

また、「時間的に余裕がある」という意味でも使われます。

> A: Uh-oh, we're caught in traffic. Do you think we'll make it on time?
> B: Yeah, we're in good shape.
> A：あーあ、交通渋滞につかまっちゃった。時間に間に合うと思う？
> B：うん、このまま行けば十分間に合うよ。

天気の話をするときにも使えます。

> A: I heard it might rain this afternoon. Do you think we should cancel the barbecue?
> B: No, I think we're in good shape.
> A：午後雨になるって聞いたけど、バーベキューするのやめる？
> B：いや、大丈夫だと思うよ。

表現

be in good shape

「調子が良い」「(肉体的、あるいは精神的に)健康だ」「体型が整っている」「時間に余裕がある(間に合う)」「うまくいっている(やっている)」「天気が持ちこたえそうだ」「〈道路の交通が〉順調に流れている」

🔊 71

課題:

状況から判断して、何か悪いことが起こる前兆を感じた。

日本人の英語
Observing what was happening, I saw a warning sign that something bad would happen.

👍 ネイティブの英語
I saw the writing on the wall.

the writing on the wallとは「災いなどの前触れ」「何か悪いことが起こる前兆」のことで、**the handwriting on the wall**とも言います。そもそもの語源は聖書です。ユダヤ人から金銀を奪い取ったバビロニアの王のバルシャザーが酒宴を開いていると、突然人の手が現れ宮殿の壁に不吉な文字を描いたのです。誰もその意味を解読できなかったので、王は流刑になっていたユダヤ人のダニエルを呼びます。それを解読したダニエルは、バルジャザーの王国は絶えると予言します。そして実際に王はその夜、惨殺されます。史実的にもバビロニア王国はペルシアに支配されることになります。

"Seeing the writing on the wall, we knew the company was going out of business."
「既に兆候があったので、皆、会社がつぶれることはわかっていた」

しばしば動詞のreadやseeと組み合わせて使われます。

Can't you read the handwriting on the wall?
「君には危機が迫っているのがわからないのか」

次の例は、パリス・ヒルトンが免許停止処分中に運転したことで45日間の禁固刑を言い渡される直前の描写です。

When Hilton saw the writing on the wall and sensed the judge's mood, she tried pleading with him. [New York Daily News 5/5/07]
「ヒルトンはとんでもないことになりそうだと感じ、裁判官の機嫌の悪さを察すると、一生懸命に弁明しようとした」

次の例は、2007年にバージニア工科大学の大量虐殺事件に関する記事。

"The writing on the wall: Two plays by the Virginia Tech killer take on chilling significance" [New York Daily News 4/18/07]
「大量虐殺の予兆：バージニア工科大殺人鬼の書いた２つの戯曲には身の毛のよだつような重大なヒントが」

またスティービー・ワンダーの曲、「Superstition」の出だしをご存じの方も多いでしょう。聴き直して味わってみるのもいいでしょう。

Very superstitious, writing's on the wall,
Very superstitious, ladder's 'bout to fall,
「なんて迷信的な、災いがやって来るだなんて。
なんて迷信的な、今にもハシゴが倒れそうだなんて」

表現
the (hand) writing on the wall
「災いなどの前触れ」「何か悪いことが起こる前兆」

🔊 72

課題:

大統領選は接戦で、最後の最後までどちらが勝つかわかりません。

日本人の英語
The presidential election is so close that we won't be able to determine who is going to win until the very end.

👍 ネイティブの英語
The presidential race is coming down to the wire.

2012年の米大統領選は接戦の末、オバマ大統領が共和党のロムニー候補を破り再選しましたが、上のような発言がメディアを通じて頻繁に聞かれました。close（接戦の）を使った「日本人の英語」でも問題ありませんが、今回は **down to the wire**（最後の最後まで〔結果がわからない〕）という表現を確認しておきましょう。一般的に「選挙や何かの競争などで、互角、接戦で最後まで勝敗がわからない状態」を表現するときによく使われます。例のように副詞句として使われる場合と、形容詞句として使われる場合があります。

語源は競馬で、the wireとは、勝敗の判断をするために張られたワイヤーのことです。つまり、**down to the wire**で、あまりの接戦でワイヤーのところに到達するまでどの馬が首位なのかわからない、ということです。今でも競馬で使われる表現です。次のように動詞をgoにしても同じです。

The White House race is going down to the wire.

また、形容詞句としてbe動詞と合わせて以下のように使うこともできます。

> The U.S. presidential election is down to the wire.

ほかに **neck and neck** もよく使われます。これも競馬が語源で、馬が首を並べて競っているイメージです。首という意味では「首位を争う」と似ています。

> The presidential race remains neck and neck.
> 「大統領選は依然、接戦が続いている」

> The presidential candidates are running neck and neck.

これもbe動詞のあとに続けて使うことができます。

> Obama and Romney were neck and neck.
> 「オバマとロムニーは接戦だった」

競馬に由来する表現ばかりですが、**a dead heat**（互角の勝負）を使って次のようにも言えます。

> The presidential race remains a dead heat.
> 「大統領選は依然、接戦が続いている」

日本語では「出馬」などと言いますが、選挙に馬にかかわる表現があるのは、洋の東西を問わず共通しています。

表現

down to the wire
「最後の最後まで接戦で」

おわりに

英語力のレベルにかかわらず、「ネイティブの英語」を学ぶことの大切さをできるだけ多くの方に理解してほしいという思いでこの本をまとめました。また、「ネイティブの英語」の習得は当然この本で終わるわけではなく、継続するべきものだということも述べました。

さて、私自身在米30年を迎えましたが、今でも英語力向上のため、「ネイティブの英語」習得の努力を続けています。英語圏に住んでいれば自然と英語力が向上する、と考えている人が多いですが、実際にはそうではありません。何十年住んでいてもしっかりとした英語が話せない、「日本人の英語」から脱却できないという人がたくさんいるのは事実です。努力しないと、環境がどうであっても向上しないのです。逆に、努力すれば、理想的な環境がなくても、例えば海外に出る機会がないとしても、実力を伸ばすことは可能です。

現在の私はビジネス、経済、政治、外交、社会問題等、さまざまな話題に関してメディアから情報を吸収し、ネイティブとそん色なく議論できるだけの英語力と思考力はあると思います。また、映画やテレビのドラマ、スタンダップコメディーなども楽しんでいます。それでも、ネイティブだからわかる微妙なニュアンスなどは正直、うまくくみ取れない場合があります。

米国で生まれ育った米国人である娘（21歳）、息子（19歳）とやり取りをしていたときに、ふと何かが微妙にかみ合っていないと思うことが過去何度かありました。他人ではなかなか尋ねる機会もありませんが、親子なので、いろいろと探ってみると、「えっ？ そんなふうにとられるとは思ってもいなかった」と感じたことがあり、「ネイティブの英語」との隔たりを縮めるのは容易ではないと実感しています。

それでも諦めずに「ネイティブ」に近づこうとする努力は続けていく覚悟です。解析幾何学で「漸近線」というものがあります。要するに、ある曲線が、限りなく近づくが、決して交わらない直線のことです。「ネイティブの英語」を目指すのは、ある意味「漸近線」に近づくのに似ていると思います。つまり、決してそこには到達することはないのですが、限りなく近づくことはできるのです。私は剣道をしていましたが、頂点に達したかと思われるような高齢の有段者が、「自分の技術はまだまだ未熟で、もっと努力を続けなければならない」と言っていたのを思い出します。「ネイティブの英語」を目指すのも同じかもしれません。

表現リスト

本書の課題の中で取り上げた「ネイティブの英語」ならびにそれらの類義語・関連表現をPartごとにまとめました。理解度の確認、復習などにお役立てください。

Part 1 行動・実行・プラン

carry the ball 016
   drop the ball 017
   The ball is in one's court. 017
get the ball rolling 018
   (That) sounds like a plan. 018
   get going 019
   get the show on the road 019
   keep the ball rolling 019
take a back seat 020
   play second fiddle 021
sit on one's hands 022
   sit around 023
   sit out.../sit...out 023
AWOL 024
   go AWOL 024
   MIA 025
   DOA 025
drag one's feet 026
   foot-dragging 027
a Hail Mary (pass) 028

piggyback on 030
   piggyback 031
put something on the back burner 032
   have something on the back burner 033
   back-burner 033
   put something on ice 033
   put something on the front burner 033
What do you have in the pipeline? 034
   in the pipeline 034
   in the works 035
cross that bridge when one comes to it 036
throw someone under the bus 038
   betray 038
burn one's bridges 040

Part 2 意思疎通

talk the talk/walk the walk (walk the talk) 044
walk someone through 046
   a walk-through 047
   guide/step someone through 047
be on the same page 048
   get/keep/put/bring...on the same page 049
   given 049
touch base with 050
   Keep in touch. 051
   Keep me posted. 051
Am I all set? 052
   You are all set. 052
   Am I all set to go? 052
   Are we all set? 052
   Are you all set? 053
where one is coming from 054
   what one is getting at 054
(Now,) where was I? 056
   Now, where were we? 056
Now you're talking! 058
   Good for you! 059
   I'm glad to hear that. 059
in the loop 060
in the dark 062
   be left out of 063
   out of the loop 063
Look who's talking! 064
   People who live in glass houses shouldn't throw stones. 065
paint with a broad brush 066
explain away 068

Part 3 努力・無駄な努力

overkill 072
   belt-and-suspenders 073
cover all the bases 074
pay one's way through 076
work one's way through 076
   work one's way [oneself] up to 077
leave no stone unturned 078
comb through 080
pull out all the stops 082
   go all out 083
bend over backward(s) 084
   lean/fall over backward(s) 084
   go out of one's way 085
push the envelope 086
spin one's wheels 088
   go through the motions 089
reinvent the wheel 090
   If it ain't broke, don't fix it. 091

open up a can of worms 092
fall through the cracks 094
　fall/slip through/between the cracks 095

Part 4　議論・説得・交渉

a ballpark (figure) 098
　a ballpark estimate 099
　in the ballpark 099
　out of the ballpark 099
nickel-and-dime 100
flip-flop 102
　flip-flop over 103
　do a flip-flop 103
　flip-flops 103
kick the can down the road 104
　procrastinate 104
　put off 104
lowball 106
　bait and switch 107
You don't want to go there. 108
　Don't even go there. 109
　You don't want to open up a can of worms. 109
　You don't want to go down that road. 109
turn the tables 110

play hardball 112
deal breaker 114
be on the table 116
　put...on the table 117
　be off the table 117
　take...off the table 117
talk someone into (doing) something 118
　argue/trick/deceive/coerce/con/scare someone into (doing) something 119
　talk someone out of (doing) something 119
I've been there. 120
　Been there, done that. 121

Part 5　思考・発想・判断

out of it 124
What is one's take on 〜? 126
can't put one's finger on 128
　put the finger on 129
That's not what we are about. 130
　That's not who we are. 131
get ahead of oneself 132
　jump the gun 133
Not that I know of. 134

173

off the top of one's head 136
be leaning toward＋名詞／動名詞 138
be inclined to do 139
know one's way around 140
- get around 141

read too much into something 142
- read between the lines 143

cautiously optimistic 144
- expect the unexpected 145

close to home 146

Part 6 その他

street-smart 150
- street-savvy 150
- book-smart 151
- street smarts 151

get the short end of the stick 152
- end up with the short end of the stick 152

It's been crazy. 154
- crazy busy 155
- swamped 155
- tied up 155

The honeymoon is over. 156
grandfather 158

be not carved in stone 160
- be carved in stone 160
- be not written/cast/set in stone 161

come/go with the territory 162
- come with the turf 163

be in good shape 164
the (hand)writing on the wall 166
down to the wire 168
- neck and neck 169
- a dead heat 169

浅田浩志（あさだ ひろし）

千葉大学工学部建築学科卒。ジョージタウン大学MBA取得。CFA(米国金融・証券アナリスト)。Dow Jones Marketsナショナル・アカウント・マネージャー、AIG米国本社日系企業担当ディレクター等を経て、現在、Research Institute for Cross-Cultural Communication, L.L.C.代表・プリンシパル。主に管理職を対象としたマネジメントならびにコミュニケーションに特化した企業研修プログラムの開発・カスタマイゼーション・実施を行う。NHK教育テレビ英会話講師(2008-'09)。2007年より、月刊英語学習誌『CNN ENGLISH EXPRESS』で「この日本語、ネイティブなら何と言う?」連載中。TOEICテストを実施・運営するIIBCのサイトGlobal Managerにて『月刊 浅田チャンネル』連載(2012-'16)。著書に『マネジメント・コミュニケーション』『インパクトのある英語』(共に研究社)がある。趣味はスキー、ローラーブレード、ゴルフ、車を運転しながら家族に自慢の美声(?)で歌を聴かせること。在米30年。

英語通ならこれだけは知っておきたい72の表現
2016年10月11日　初版第1刷発行

著者	浅田浩志
発行者	原 雅久
発行所	株式会社 朝日出版社 〒101-0065 東京都千代田区西神田 3-3-5 TEL:03-3263-3321　FAX:03-5226-9599 http://www.asahipress.com (HP) https://twitter.com/asahipress_ee (ツイッター) https://www.facebook.com/CNNEnglishExpress (フェイスブック)
印刷・製本	図書印刷株式会社
音声録音・編集	ELEC (一般財団法人 英語教育協議会)
イラスト	平田利之
ブックデザイン	阿部太一 [GOKIGEN]
DTP	有限会社 プールグラフィックス

ISBN978-4-255-00953-7 C0082
乱丁・落丁本はお取り替えいたします。
無断で複写複製することは著作権の侵害になります。
定価はカバーに表示してあります。
©Hiroshi Asada, 2016
Printed in Japan

ちょっと手ごわい、でも効果絶大!
最強のリスニング強化マガジン

CNN ENGLISH EXPRESS

CNNライブ収録CD付き　毎月6日発売　定価1,240円(税込)

英語が楽しく続けられる!

重大事件から日常のおもしろネタ、スターや著名人のインタビューなど、CNNの多彩なニュースを生の音声とともにお届けします。3段階ステップアップ方式で初めて学習する方も安心。どなたでも楽しく続けられて実践的な英語力が身につきます。

資格試験の強い味方!

ニュース英語に慣れれば、TOEIC®テストや英検のリスニング問題も楽に聞き取れるようになります。

定期購読をお申し込みの方には本誌1号分無料ほか、特典多数。詳しくは下記ホームページへ。

CNN ENGLISH EXPRESS ホームページ

英語学習に役立つコンテンツが満載!

[本誌のホームページ] http://ee.asahipress.com/
[編集部のTwitter] http://twitter.com/asahipress_ee

朝日出版社 〒101-0065 東京都千代田区西神田 3-3-5　TEL 03-3263-3321